DU

SERMENT LITIS-DÉCISOIRE

EN DROIT FRANÇAIS

& EN DROIT ROMAIN,

PAR

L. TARDIF DE MOIDREY,

Avocat.

METZ,
TYPOGRAPHIE DE ROUSSEAU-PALLEZ, ÉDITEUR,
Libraire de l'Académie impériale.

1860.

INTRODUCTION.

Il est peu de sujets aussi dignes de fixer l'attention du philosophe et du jurisconsulte que le *Serment*. Par sa raison d'être, sa nature et son origine, il pourrait fournir l'objet d'un traité complet, et celui qui voudrait l'entreprendre devrait aborder les plus hautes questions de la métaphysique, de la théologie et de l'histoire, car le serment est plus qu'un acte juridique, ou qu'une formalité ordinaire: c'est en quelque sorte, une grande institution: institution de droit naturel et social, se retrouvant partout et dans tous les temps, découlant de la nature même de l'homme et répondant à ses plus impérieuses exigences, corrélative à l'idée de Dieu et basée sur elle; il faudrait suivre le serment aux diverses époques de la vie des sociétés, le voir naître et se développer dans le monde avec la religion primitive, se modifier avec les croyances diverses des peuples de l'antiquité et enfin reprendre avec le christianisme une forme précise, en même temps que chez la plupart des nations civilisées on recouvrait l'idée exacte de la divinité. Mais toutes ces questions, on le comprend, ne peuvent être traitées ici d'une manière complète: l'aspect sous lequel nous nous proposons d'envisager le serment est spécial et restreint, c'est uniquement celui de l'utilité pratique que l'on peut en tirer comme moyen d'arriver à la décision des procès; nous n'y verrons donc qu'un acte judiciaire précédé de faits ou suivi de conséquences qui devront bien plutôt fixer notre attention, et si nous croyons devoir dire un mot du côté philosophique et fécond dont nous venons de parler, c'est pour ne point entrer en matière d'une façon trop brusque et sans définir notre sujet.

L'homme, fait à l'image de Dieu, doit imiter la souveraine perfection; ses vertus ont toutes leur prototype dans l'essence divine elle-même, et il est appelé à chercher à se rapprocher le plus possible de son modèle; or, Dieu étant toute vérité, il doit être vrai lui-même s'il ne veut pas faillir à sa destinée et au but de sa nature ; créé libre, pour lui le devoir n'est pas une nécessité, il a toujours le droit de s'écarter de la voie qui lui est indiquée et de suivre une direction opposée ; il peut n'être pas vrai, il peut mentir, et l'expérience fait voir que trop souvent il use de cette faculté quand l'intérêt l'y pousse. Comment donc croire à sa parole, et sur quoi fonder cette confiance réciproque qui est la base de l'état de société pour lequel il est fait?

Il est vrai que jusqu'à preuve du contraire, quand un homme affirme un fait ou promet d'accomplir un acte, une présomption de véracité milite en faveur de sa sincérité, car la fraude ne se suppose point ; mais cette présomption est loin d'être invincible, et il est naturel que dans les rapports mutuels qui se succèdent journellement, on ait cherché à la corroborer par certains moyens accessoires destinés à lui donner plus de poids. C'est ainsi que celui à qui une promesse est faite, peut fixer une peine à laquelle devra par avance se soumettre le promettant, pour le cas où la foi donnée ne serait pas gardée ; c'est ainsi que les lois sont venues d'elles-mêmes, indépendamment de toute convention à cet égard, édicter des peines contre l'homme qui trompe sciemment ceux avec lesquels il est en relation. Ces moyens, efficaces quelquefois, sont autant de sanctions humaines d'une obligation naturelle qui pèse sur nous tous et qui consiste à *être vrais dans nos affirmations.* Mais au-dessus de ces sanctions humaines et trop souvent impuissantes, il en est une autre plus rigoureuse et partant plus redoutable qui intervient toujours, c'est celle qui procède de la divinité; dès l'origine on lui a fait appel, et nous savons que ceux qui voulaient augmenter la confiance que pouvaient inspirer leurs promesses, ont invoqué Dieu en réclamant eux-mêmes les peines du parjure, en se soumettant d'une manière spéciale et formelle à la rigueur de sa vengeance s'ils n'exécutaient pas leur engagement; ils le priaient d'en surveiller lui-même l'exécution en y intervenant personnellement avec la sanction dont seul il peut disposer.

Pour des hommes croyant à l'existence de Dieu, il y a là une sûre garantie et un lien moral puissant: ce lien, nous le trouvons tout entier dans le serment, il en est l'un des éléments constitutifs, mais non pas le seul; car à côté de l'idée de sanction qui l'a fait naître, se trouve celle qui a produit l'attestation.

C'est une loi de notre nature de ressentir plus ou moins l'influence des objets extérieurs sur lesquels nous arrêtons nos pensées; un triste tableau nous assombrit, un joyeux spectacle nous fait sourire; la présence d'une chose ou d'une personne respectable nous rend plus circonspects et nous engage à veiller davantage sur nous-mêmes, et l'on peut assurer que devant un homme d'une bravoure ou d'un esprit reconnus, il n'est personne qui ne désire plus vivement paraître courageux ou spirituel. C'est sur cette observation qu'est fondée l'attestation du serment; on a pensé qu'en contraignant celui qui doit jurer à se reporter préalablement vers Dieu qui est la suprême vérité, à le nommer en se mettant en sa présence, il subirait, même malgré lui, une impression plus ou moins vive qui le ferait reculer devant le mensonge; car il y aurait dans la fausse attestation de la divinité un acte d'une incroyable audace qui implicitement équivaudrait à une négation formelle de l'existence même de Dieu. Comment, en effet, supposer que celui qui croit en Dieu, qui le sait juste et vrai, qui connaît sa puissance, veuille essayer de le rendre en quelque sorte complice d'un parjure, et de se servir de son nom pour arriver à tromper plus sûrement ceux auxquels il veut inspirer confiance ?

Deux principes concourent donc à engendrer le serment : l'attestation et la sanction, et nous pouvons dès lors le définir : *l'attestation de la divinité appliquée à la confirmation d'un fait avec soumission expresse à sa vengeance pour le cas de mensonge.*

Grotius (1) a enseigné que le serment contenait en outre une promesse faite à Dieu même, et a été jusqu'à conclure que celui qui est arrraché par crainte ou par violence n'en est pas moins obligatoire parce que Dieu, à défaut de l'homme, peut en exiger l'exécution ; mais c'est là, on le comprend, une erreur palpable : le serment ne renferme pas de promesse directe ni accessoire faite à Dieu, il vient confirmer un engagement pris envers Dieu ou une personne et n'a de raison d'être que comme moyen de garantie ; le vœu est très-distinct du serment qui peut l'accompagner ou ne pas l'accompagner, mais il n'est pas contenu en lui. On peut se demander, au sujet de la nature même de l'acte du serment, si l'attestation de la divinité

(1) V. Toullier. *Du serment.*

qu'il renferme habituellement doit toujours, et nécessairement, s'y retrouver et fait partie de son essence ou simplement de sa nature? en d'autres termes, si un serment peut exister sans elle? Presque tous les auteurs (1) ont avancé que oui et soutenu que, directement ou indirectement, celui qui jure s'adresse à Dieu.

Cette doctrine, croyons-nous, doit être admise d'une manière générale, le serment est avant tout un acte religieux; il n'y aurait, à la vérité, rien d'impossible ni d'immoral à ce qu'un homme entendît se lier en prenant à témoin une personne ou une chose qui lui inspire du respect et en consentant, en cas d'inexécution, à être privé de l'avantage qu'il peut en espérer. Les deux principes générateurs du serment, l'attestation et la sanction, se retrouveraient également dans un tel acte qui pourrait être considéré comme une sorte de contrat dont le lien, moins fort que celui que l'on forme en présence de la divinité, pourrait néanmoins offrir une sérieuse garantie.

Après avoir donné et développé la définition de

(1) V. Puffendorf. *Dr. natur.*

l'acte qui nous occupe, ajoutons un seul mot au sujet des diverses phases historiques que son emploi a subies à travers les peuples et les âges divers, après quoi nous aborderons notre matière elle-même.

L'usage du serment fut très-fréquent dans l'antiquité et dans le monde primitif, les livres saints nous en fournissent de nombreux exemples, et toujours nous le voyons entouré d'une religieuse vénération : *Levo manum meam ad Dominum Deum excelsum possessorem cœli et terræ*, disait le patriarche Abraham (Gen., ch. 14.) en prenant Dieu à témoin qu'il n'enlèverait rien au roi de Sodome, et il employait ainsi la formule de serment la plus simple et la plus exacte. Mais, d'après la loi primitive et la loi de Moïse, cet acte si solennel ne devait pas être prodigué; à côté de l'usage se montre la prohibition. *Dominum Deum timebis et per nomen illius non jurabis* (Deut., ch. VI, 14.), est-il dit au Deutéronome: il ne faut pas jurer en vain. Chez les Hébreux, qui conservèrent toujours les véritables doctrines, le serment se maintint, entouré de quelques solennités religieuses, dans sa pureté primitive; mais les autres nations ne gardèrent pas intact le dépôt des traditions: la connaissance de Dieu s'obcurcit et finit par se perdre complètement, le panthéïsme fit invasion dans le monde et avec lui l'idolâtrie qui en est fille. Le créateur et la création furent confondus dans un même tout et il devint dès lors logique d'adorer des objets matériels qui, d'après ces idées, étaient dieux eux-mêmes puisqu'ils faisaient partie intégrante de la divinité. Le serment dut se ressentir de telles doctrines, et nous ne devons pas être surpris de voir les anciens jurer sur des choses diverses, sur un platane, sur une oie, ou sur un chien, comme Socrate; sur un bouc, comme Zénon. « C'est qu'en effet, dit Bossuet (1), il n'est pas nécessaire de jurer par le Dieu véritable, il suffit que chacun jure par le Dieu qu'il reconnaît. C'est ainsi que la religion vraie ou fausse établit la bonne foi parmi les hommes, parce que, encore que ce soit une impiété aux idolâtres de jurer par les faux dieux, la bonne foi du serment qui affermit un traité n'a rien d'impie, étant au contraire elle-même inviolable et sainte. » *Et qui per lapidem jurat si falsum jurat parjurus est*, dit saint Augustin.

(1) Polit. tirée de l'Écriture sainte.

La loi romaine consacra ce principe en disant (1): *Jurejurando quod propria superstitione juratum est standum*; ce que Godefroi commente en ces termes: *Jurant aliter judœi, aliter Ethnici, denique cuique genti, sua in jurejurando religio et formula est.* Mais cette latitude, par laquelle il était permis de jurer sur les faux dieux, cessait quand il était question du véritable, et par une singulière contradiction nous voyons Ulpien décider « que si quelqu'un a juré suivant les rites d'une religion défendue par l'État, il faut ne pas tenir compte de ce serment (2).

Ce texte, qui avait évidemment trait à la religion chrétienne, a été inséré au Digeste, mais il y a changé de sens: car dans l'esprit de Justinien il devait proscrire les serments prêtés sur les divinités du paganisme (3).

Le christianisme rendit au serment sa forme et sa pureté ancienne; il le débarrassa des superstitions pharisaïques dont il avait été entouré, il en restreignit l'abus. On connaît le texte de saint Mathieu (ch. V, v. 34 et 35), dans lequel J.-C., s'adressant au peuple,

(1) L. V, § 1 de jurejur.
(2) L. V, § 5. h. t.
(3) Bartol.

défend de jurer, non pas dans le sens juridique et sérieux comme l'ont entendu à tort les anabaptistes (1), mais dans la conversation et le langage habituel, afin de ne pas diminuer l'effet d'un acte aussi grave par un emploi léger et journalier. Cette défense s'appliquait du reste si peu aux serments justement motivés, qu'à l'arrivée des empereurs chrétiens nous en voyons le nombre s'accroître prodigieusement et qu'on en prescrivit dans une foule de circonstances où l'on n'en avait pas exigé précédemment.

En cette matière comme dans tant d'autres, notre ancienne jurisprudence suivit les errements du droit romain, le serment continua à être d'un usage fréquent; les dignitaires, les fonctionnaires, nos rois eux-mêmes durent jurer de remplir fidèlement leurs devoirs. « C'est dans le serment, dit Loyseau (liv. I des offices), que gît la principale cérémonie de la reception : et c'est ce serment qui attribue et accomplit en l'officier l'ordre, le grade et, s'il faut parler ainsi, le caractère de son office et qui lui défère la puissance publique. »

(1) V. Suarez, *De juramento*, c. II. — Zoësius, *De juramento*.

Avant la révolution française, les principes politiques qui attribuaient une religion à l'état ne s'opposaient pas à ce que le serment promissoire ou décisoire qui devait être prêté, le fût suivant des rits religieux: les chrétiens devaient donc jurer sur l'Évangile, et les israëlites suivant les prescriptions du Talmud; le caractère du serment était maintenu d'une manière énergique. Aujourd'hui, que le serment est d'un usage encore fréquent, il n'en est plus ainsi et l'on s'accorde généralement à dire (pour le serment promissoire au moins) qu'il doit être rendu suivant une formule uniforme et simple, sans qu'il puisse être exigé d'après des formes appropriées à la croyance de chacun; cette doctrine, justifiée peut-être par certains principes fondamentaux, a l'inconvénient de rompre l'égalité entre les citoyens, sous prétexte de la maintenir, en imposant à tous un acte qui lie la conscience des uns sans engager celle des autres.

Quoiqu'il en soit, le serment est mêlé chez nous à presque toutes les circonstances de la vie civile et juridique: qu'il intervienne comme garantie d'une promesse pour l'avenir, ou bien que les parties se le défèrent entre elles pour vider une contestation, et sous ce dernier point de vue il est encore ce qu'il était dans l'ancienne Rome : le grand moyen de terminer les procès.

Indépendamment de la force qu'il tire de lui-même et de sa nature, le serment a toujours été protégé par la loi civile dans toutes les législations qui se sont succédées. Des peines sévères ont été édictées contre ceux qui en violaient la foi, et son lien religieux a été considéré comme un des principes qu'il importait le plus de faire respecter dans l'intérêt commun. Les peuples qui ont été grands sont ceux chez lesquels le principe religieux a dominé, et là où a dominé le principe religieux on a vu les engagements respectés; il n'est pas nécessaire, pour établir cette vérité, d'évoquer des souvenirs souvent rappelés, elle éclate aux yeux de ceux qui ont ouvert l'histoire, et sans qu'il faille remonter vers le passé. On sait que la foi en Dieu et la foi du serment, qui en est un corollaire, se trouvent toujours réunies : quand l'une manque, l'autre fait bientôt défaut, et lorsque la justice déplore des transgressions malheureusement trop nombreuses, elle sait à quelles sources elle doit remonter pour trouver l'origine du mal.

DU SERMENT DÉCISOIRE EN DROIT ROMAIN.

I.

De la nature et de la forme du serment.

Dans tout serment juridique deux choses sont à considérer: 1° l'acte en lui-même, 2° le motif qui lui donne naissance. L'acte peut être défini en droit romain : l'*attestation de la divinité, d'une personne ou d'une chose respectable pour la confirmation d'un fait* (1). Plus large que dans notre droit civil français, sa formule s'appliquait à des objets divers, et nous savons qu'il était d'usage de faire des serments qui ne se rapportaient que très-indirectement à la divinité: sur le génie du prince, sur la tête de ses enfants, etc. Quant aux motifs qui pouvaient faire intervenir le serment, ils étaient nombreux,

(1) *Affirmatio religiosa*, dit Cicéron ; on connaît la signification que les Latins attachaient au mot religieux ; c'était en général tout ce qui pouvait inspirer le respect comme se rattachant directement ou indirectement au culte.

mais se rapportaient tous à ces trois ordres d'idées : 1° promesse pour l'avenir, engagement de faire ou de ne pas faire, telle était la caution juratoire, le serment des tuteurs et des curateurs, celui des fonctionnaires ; 2° affirmation tendant à établir la réalité d'un fait, comme dans les serments supplétifs et *in litem* déférés par le juge dans le but de s'éclairer ou de compléter une preuve insuffisante ; 3° convention par laquelle les parties entendent faire dépendre l'issue d'un procès de la prestation ou de la non prestation d'un serment. C'est là le *jusjurandum decisorium*, qualifié tantôt de *necessarium*, tantôt de *voluntarium*, qui, sous cette double dénomination, fait l'objet du titre II du livre XII du Digeste. Nous devrons souvent recourir à ce titre et il fera le fondement de l'étude que nous allons entreprendre. Mais, d'abord, voyons dans quelles circonstances se produisent les faits juridiques qui motivent le serment décisoire.

Deux parties sont en présence : la preuve de leurs prétentions est difficile à établir, il est urgent pour elles d'éviter de longs débats, elles conviennent de s'en remettre à l'affirmation garantie par serment que l'une d'elles devra faire ; elles étaient hors de la présence du magistrat, le parti qu'elles ont pris, elles pouvaient ne pas s'y arrêter et si elles ont transigé ainsi, c'est par un pur acte de leur libre volonté.

Autre espèce. Les plaideurs sont devant le préteur *(in jus)*, ou devant le juge *(in judicio)*, l'une des parties dit à l'autre : « Jurez que votre demande ou que votre résistance est fondée et vous aurez gain de cause. » Si celle-ci accepte l'offre qui lui est faite et jure, tout est consommé et elle a gagné son procès ; si elle refuse, une présomption défavorable se produit contre elle, elle doit succomber, à moins qu'elle ne préfère prendre un troisième parti et répondre au délateur du serment ou le lui référant en ces termes : « Jurez vous-même que votre cause est juste et je me tiendrai pour battu. »

Telles sont les deux hypothèses dans lesquelles le serment peut se produire. Dans l'une il est judiciaire, dans l'autre extrajudiciaire ; or, que veulent dire les textes en le qualifiant tantôt de volontaire et tantôt de nécessaire ? D'après l'opinion générale, volontaire est synonyme d'extrajudiciaire, et nécessaire de judiciaire, la raison de cette explication est facile à saisir ; néanmoins Cujas et Pothier en adoptent une autre, et disent que le serment volontaire est celui qui est prêté volontairement dans un cas ou dans un autre et que le serment nécessaire n'est autre chose que celui qui, ayant été référé, doit nécessairement être prêté sans qu'il soit possible de le référer une seconde fois. A vrai dire, il y a là une simple question de mots qui ne doit pas nous arrêter, en présence surtout de la grave difficulté que nous allons aborder, difficulté qui consiste à rechercher quelle est la nature intime de l'acte opéré par les parties dans les deux espèces rappelées plus haut.

Jusjurandum, dit Paul, *speciem transactionis continet...* Le serment est une sorte de transaction. Mais qu'est-ce qu'une transaction? Voët (1) nous répond en ces termes: *Transactio est super re incerta aut lite dubia conventio non gratuita, aliquo dato, retento, vel promisso.* Il eût dû ajouter que le but de cette opération était de faire cesser la contestation ou le doute; si nous suppléons cette lacune, nous pourrons adopter cette définition et dire que la transaction est une simple convention dans le sens de pacte ou contrat innommé, dépourvue d'action civile propre et garantie après qu'elle était devenue obligatoire par l'exécution, au moyen de l'*actio in factum præscriptis verbis*: qu'elle doit être à titre onéreux et intervenir sur une chose incertaine, faute de quoi elle serait une simple donation (2).

Ceci posé, comment le serment décisoire peut-il renfermer une transaction? Quand il est déféré hors de la présence du juge, il nous est facile de répondre que la transaction se trouve dans l'accord des volontés des parties qui conviennent de faire dépendre le résultat de la contestation, de la presta-

(1) Sur le Titre XV, liv. II. Dig.
(2) D. l. II, t. XV, 1.

tion ou de la non-prestation ; dans ce cas, la convention doit faire la loi des parties, et le serment ne peut jamais être référé. Mais pour le serment qui est déféré en justice, la chose est moins claire, car si le délateur du serment aliène un droit, celui auquel l'offre est faite n'est pas libre de repousser cette offre d'une manière absolue en lui enlevant tout effet (1), et nous pouvons dire que cette opération se présente à nous sous un double aspect : transaction pour l'une des parties ; pour l'autre, simple moyen de preuves auquel elle est assujettie.

II.

Sur quelles contestations le serment peut être déféré.

Le serment peut être employé dans toute espèce de contestations (2), qu'elle provienne de l'exercice d'une action réelle ou personnelle, *in factum* ou *in jus*, d'une action pénale ou d'un interdit, pourvu qu'elle ait pour objet une chose dans le commerce et pouvant faire l'objet d'une transaction. Par suite tout serment déféré sur une chose sacrée ou reli-

(1) V. *infra*. Cette question traitée en droit français.
(2) 3. § 1, h. t.

gieuse serait *nullius momenti* comme manquant de base : il semblerait qu'en suivant cette idée nous devions invinciblement conclure de même au sujet des questions d'état des personnes, puisque ces questions se rattachent plutôt au droit public qu'au droit privé. Ulpien nous apprend que si dans une instance judiciaire un homme avait juré qu'il était le patron de la personne qui lui déférait le serment, cet homme ne pouvait se prévaloir de son affirmation pour arriver à sa succession, « car la qualité de patron ne pouvait résulter d'un serment. » Il en était autrement dans le cas de jugement (1). D'après ce texte et plusieurs autres, il semblerait que cette matière fût soustraite au droit commun pour ce qui est du serment; mais si nous consultons d'autres décisions au titre *de Jurejurando*, nous sommes conduits à une décision contraire : « Le préteur devra maintenir le serment prêté sur des questions d'état ; par exemple, si j'ai déféré le serment pour savoir si tu étais sous ma puissance et que tu aies juré que non, il faudra s'en tenir au serment. » (2) « On peut jurer, dit Marcellus, pour savoir si une femme est enceinte ou non, et le serment aura autorité pour lui faire donner ou refuser la possession de biens conformément aux

(1) L. 14. *De jure patron.*
(2) D. l. 3, § 2, h. t.

dispositions du S.-C. Carbonien (1). » Dioclétien et Maximien ont décidé de même que la délation du serment pouvait intervenir dans les causes de liberté (2). Je pense donc que d'une manière générale le serment était admis pour décider les questions d'état, et que les Romains qui n'avaient pas vu grand inconvénient à l'employer en matière criminelle dans des cas où l'ordre public était bien autrement engagé, qui, du reste, en voyaient l'usage avec une extrême faveur, n'avaient pu l'écarter en cette matière. Nous avons, cité tout à l'heure un texte d'Ulpien qui, il est vrai, contredit cette doctrine, en apparence au moins; mais ce texte rentre dans une exception à la règle: exception qui faisait rejeter l'emploi du serment dans les cas où il était défavorable à la liberté; ainsi on peut prouver l'affranchissement par la délation du serment, mais en revanche : *Jusjurandum non facit patronum*, et l'*actio jurisjurandi* ne peut servir à obtenir les droits de patronage.

La délation du serment doit toujours porter sur un fait personnel à la partie qui doit jurer (3); pour une raison que chacun peut comprendre, nul ne doit être contraint de rendre un serment sur un fait dont il n'a qu'une connaissance imparfaite. Il

(1) D. l. 3, § 3.
(2) L. 6. *Cod. de Reb. Cred.*
(3) V. Paul, sent. II, 1, 4.

est possible néanmoins de faire jurer un adversaire sur la question à savoir s'il a connaissance de telle chose qui constitue le fait d'un tiers. C'est ce qui, plus tard, s'est appelé *prêter le serment de crédibilité*.

III.

De la délation du serment. — Entre quelles personnes elle pouvait intervenir.

Dans le serment extrajudiciaire, il n'y avait pas de délation ; entre personnes capables de s'engager et ayant la disposition des biens sur lesquels portait l'arrangement, l'accord des volontés produisait un contrat innomé obligatoire par l'exécution seulement, mais qui, tant qu'il n'avait pas été exécuté, pouvait toujours être rompu par le dissentiment des parties. Dans le serment judiciaire, au contraire, une fois la délation faite, il n'était plus possible de la retirer, dans l'ancien droit du moins (1); car depuis une constitution de Justinien est venue décider que l'offre pouvait être retirée tant que l'adversaire n'avait pas juré (2). Néanmoins une certaine pénalité était jointe à l'exercice de ce droit, car l'adversaire qui avait une fois retiré une déla-

(1) Seneca præf. ad. lib. 3 controv.

(2) C. II, de. reb. cred.

tion de serment, ne pouvait être admis à en faire une seconde. Celui à qui un serment était déféré devait, comme dans notre droit actuel, prêter le serment ou le refuser en perdant son procès, si mieux il n'aimait le référer; dans le serment extrajudiciaire aucune de ces conséquences ne devait se produire. Toujours le serment devait être accepté ou référé dans les termes mêmes suivant lesquels il avait été déféré, à moins que certaines considérations de choses ou de personnes ne le permissent pas, ce dont les juges devraient décider.

Une fois la délation faite, une sorte de novation intervenait (1). A l'ancien droit se substituait un droit nouveau: la question du procès était remplacée par celle de savoir si le serment serait ou ne serait pas prêté, et le prêteur disait: *Tum a quo jusjurandum petitur jurare ant solvere cogam.*

Déférer le serment est un acte de droit commun; quiconque a la disposition de ses biens peut y recourir, qu'il soit demandeur ou défendeur. Pour savoir qui a la libre disposition de ses biens, il faut consulter les règles de droit en matière de capacité des personnes. A Rome la grande division des personnes était celle des esclaves et des hommes

(1) Novation qui toutefois différait de la véritable, en ce que celle-ci ne pouvait avoir lieu qu'autant que l'obligation ancienne était anéantie par elle, tandis que le serment engendrait une obligation, quand même il n'eût existé aucune dette; il ne détruisait pas l'obligation, il la créait.

libres; si les esclaves étaient la propriété des hommes libres, cependant quant au droit naturel, ils étaient des personnes; cette idée seule peut nous expliquer un texte célèbre dans les fragments du Vatican : *Servo via inutiliter legatur : stipulatur autem eam utiliter si dominus fundum habeat* (1). L'esclave avait donc une personnalité, mais cette personnalité n'était pas assez puissante pour qu'il eût un droit à lui propre. En principe il ne pouvait être créancier, excepté dans un cas, celui où son maître lui avait confié un pécule; alors, dans les rapports du maître et de l'esclave, il pouvait naître des obligations : obligations naturelles il est vrai, mais au sujet desquelles on suivait les règles du droit civil (2). Il pouvait si bien intervenir une obligation dans les rapports du maître et de l'esclave, que si le maître payait un esclave, après l'affranchissement il ne pouvait exercer contre lui la *condictio indebiti* (3).

Puisque de tels rapports pouvaient exister entre eux, rien n'autorise à supposer que la délation du serment n'ait pu être faite au sujet des questions que pouvait soulever la propriété du pécule.

Dans ses rapports avec les tiers l'esclave pouvait accomplir des actes juridiques capables d'améliorer

(1) § 56.
(2) L. 49, § 2, l. 9, § 2 de Peculio.
(3) L. 64 de Cond. indeb.

la position de son maître, mais jamais de l'empirer (1); lorsqu'il avait un pécule *cum libera administratione,* il avait le droit de déférer le serment de même qu'il aurait pu transiger (2); si l'esclave n'avait pas de pécule, les obligations qu'il contractait n'étaient pas valables *jure civili,* elles étaient simplement naturelles, et si elles pouvaient donner lieu à une transaction ou à une délation de serment, l'obligation qui en résultait était naturelle elle-même et ne pouvait être poursuivie que *naturaliter.*

Si des esclaves nous passons aux personnes libres, nous trouvons une première division en personnes *in potestate, in manu vel in mancipio*, et en personnes *sui juris.*

Le fils de famille (*in potestate*) pouvait avoir, vis à vis de son père, des dettes ou des créances naturelles, et les règles qui régissaient ses rapports avec lui étaient les mêmes que celles qui ont trait au pécule des esclaves (3). Vis à vis des tiers, il pouvait s'engager civilement (4), à moins qu'il ne s'agît d'emprunt de sommes d'argent, auquel cas il était frappé d'incapacité par le S.-C. Macédonien, et son obligation (ce point même est controversé) n'était plus que naturelle; rien ne s'opposait, je crois, à ce

(1) L. 133 de reg. jur.
(2) L. 20 f. *de jurijur.*
(3) Inst. 4, 7. § 6.
(4) L. 39 de oblig. et act.

que la délation du serment intervînt à l'endroit des obligations civiles ou naturelles qu'il avait pu contracter. Quant à ce qui était de leurs pécules, les fils de famille avaient les mêmes droits que s'ils avaient été *sui juris;* les filles de famille et les femmes *in manu (loco filiæ)* n'eurent jamais de pécule, mais pour le reste de leurs droits elles étaient, je crois, sur la même ligne que les fils de famille (1). Les personnes *in mancipio* étaient assimilées aux esclaves et traitées comme eux sous le rapport de l'exercice des droits civils.

Les personnes *sui juris* étaient en tutelle ou curatelle, ou bien, comme dit Gaius, *neutro jure tenebantur*. Celles-ci avaient la plénitude de leurs droits, elles pouvaient aliéner, transiger et déférer le serment de la manière la plus absolue; les autres n'avaient point le libre exercice de ces divers droits, elles avaient besoin, pour les exercer, de *l'auctoritas* d'un tuteur. Le serment déféré par un mineur pouvait valoir, si le pupille avait rendu sa position meilleure en acceptant le sacrifice que lui faisait la partie avec laquelle il contractait; dans le cas contraire sa délation de serment ne l'engageait pas; quant au tuteur, il pouvait librement administrer, nover, ester en justice (2), le pouvoir de tansiger lui est accordé par des textes formels (3).

(1) L. 9. § 2. de S.-C. Mac.
(2) L. 22 de Adm. Tut.
(3) L. 22 eodem.

On peut conclure de là qu'ils avaient également le droit de déférer le serment. Dans l'intervalle qui sépare l'époque de la cessation de la tutelle proprement dite de celle de la majorité de vingt-cinq ans, les Romains accordaient au jeune homme une entière capacité et partant celle de déférer le serment. Ce principe recevait toutefois un correctif par les dispositions favorables de la *restitutio in integrum*.

Celui qui défère le serment doit au préalable jurer *de calumnia* (1). On appelait ainsi une sorte de précaution judiciaire par laquelle le demandeur qui intentait une action était contraint, avant tout, d'affirmer qu'il agissait de bonne foi et nullement par esprit de chicane. Ce serment ne pouvait être exigé des parents et des patrons pour certaines raisons de convenance; on avait admis en outre quelques exceptions : en faveur de ceux qui n'avaient pas la libre administration de leurs biens comme étaient les pupilles, ou bien encore au profit de ceux qui pouvaient alléguer une ignorance probable, comme les défenseurs ou procureurs (2); un fragment des Nuits attiques d'Aulu-Gelle nous apprend que dans l'ancien droit les Vestales avaient été exemptées de l'obligation de jurer *de calumnia*, à raison de leur caractère sacré; mais à part ces cas particuliers, ce serment

(1) 34, 4 h. t.
(2) Paul sent. II, I, 4.

pouvait être exigé de tout le monde. Si le serment avait été référé, celui qui originairement l'avait déféré ne pouvait être admis à exiger de son adversaire le serment *de calumnia.*

IV.

De la prestation du serment et de ses effets.

§ 1.

Pour produire effet, le serment devait être prêté suivant les termes dans lesquels il avait été offert (1); il n'eût donc pas été possible de faire valoir un serment prêté sur sa tête, ou sur celle de ses fils, lorsque la délation demandait un serment fait à Dieu; « il fallait jurer dans le lieu convenu (2), » tout en observant que le serment ne peut être exigé là où l'action en justice n'aurait pu être suivie, et en tenant compte dans la pratique de certaines règles de politesse et de convenance introduites par égard pour les personnes illustres.

Observons que dans deux cas le serment, quant aux effets, est considéré comme prêté, bien qu'il

(1) L. 5. in fine, h. t.
(2) Paul l. 25 § 2.

ne l'ait pas été : c'est, en premier lieu dans celui où le délateur a refusé de jurer lui-même *de calumnia*, et enfin quand le serment a été remis à une partie qui s'apprêtait à jurer par celle qui avait fait la délation. En dehors de ces cas, le préteur ne pouvait se dispenser de maintenir le serment et de le faire rendre effectivement ; il ne pouvait exempter personne (1), pas même le patron ou les parents, pourvu bien entendu, comme nous le fait entendre Paul, *loco citato*, que le serment dût porter sur le fond même du procès et non sur l'intention des parties.

Le serment, une fois prêté, fait la loi des parties et est pour elles l'expression de la vérité ; il a, dit Paul, *majorem auctoritatem quam res judicata ; majorem*, en ce sens qu'il ne peut être infirmé par la voie de l'appel, comme nous l'apprend le même auteur (2) lorsqu'il enseigne qu'en matière de serment il faut appeler au moment et sur le fait de la délation, mais nullement sur celui de la prestation. La partie lésée ne peut être admise à prouver le parjure, et la réplique de Dol ne peut être opposée comme moyen de répondre à l'*exceptio jurisjurandi* (3), malgré l'opinion de Labéon qui n'a pas prévalu (4).

(1) Paul 14 h. t.
(2) Sent. lib. V 32.
(3) 13 de Except..
(4) L. 21 de Dolo.

Il est pourtant certains cas où le serment peut être infirmé : celui où il a été déféré par un mineur de quinze ans qui se plaint et obtient la *restitutio in integrum* contre l'aliénation qu'il a faite, ou bien encore celui où un débiteur a déféré le serment en fraude de ses créanciers et où ceux-ci peuvent opposer l'*exceptio fraudatorum creditorum* (1). Justinien introduisit encore une exception à propos de la matière des testaments : il permit, quand il avait été juré qu'un fidéicommis était dû, de répéter ce qui avait pu être payé si par la suite il devenait évident que la disposition testamentaire n'avait pas été faite (2). En dernier lieu nous devons dire qu'en principe un serment pouvait toujours être détruit par un serment contraire (3).

§ 2. — DU SERMENT PRÊTÉ PAR LE DÉFENDEUR.

Quand le serment avait été déféré par le demandeur au défendeur, nous savons que celui-ci avait trois partis à prendre. Il pouvait d'abord refuser le serment, alors il succombait dans son exception, 2o le référer, et en troisième lieu, le prêter. Quand ce dernier parti avait été choisi (4), le préteur ap-

(1) V. 9, 4 et 5, h. t.

(2) C. 13, *de Reb. Cred.*

(3) L. 28, *in fin.* h. t.

(4) Tout ce que nous dirons des effets du serment prêté par le défendeur s'applique également dans le cas où le demandeur aurait refusé de jurer quand le défendeur lui référait le serment ; dans ce cas, l'exception

pliquait une clause de l'édit ainsi conçue : *Ejus rei de quâ jusjurandum delatum fuerit, neque in ipsum, neque in eum adquem ea res pertinet actionem dabo.* Quand le préteur dit *actionem non dabo*, il a en vue le cas où le serment aurait été prêté devant lui, ou celui où il serait certain qu'il l'aurait été extrajudiciairement; si le fait même de la prestation était contesté il y aurait lieu d'accorder une *actio in factum* au demandeur ou une exception au défendeur dans le but d'élucider la question devant un juge (1), et dans cette instance il serait possible, comme dans toute autre, de déférer le serment décisoire.

Le défendeur qui a juré a une exception à l'aide de laquelle il peut repousser l'action primitive, si elle vient à être de nouveau introduite contre lui, exactement comme s'il y avait eu chose jugée et s'il pouvait opposer l'*exceptio rei judicatæ* avec laquelle l'*exceptio jurisjurandi* a du reste la plus grande analogie. Pour l'une comme pour l'autre, il faut que la demande soit la même que celle qui avait été originairement débattue; qu'elle se présente entre les mêmes personnes et qu'elle soit soutenue par les mêmes causes. Ces principes seront développés plus loin quand nous rechercherons entre quelles

jj. est aussi bien engendrée au profit du défendeur que s'il avait juré lui-même.

(1) Ulp. 7, h. t.

personnes et sur quels objets le serment a autorité. Habituellement le défendeur, comme nous le voyons par le texte d'Ulpien cité à la loi 11 h. t., ne peut avoir d'action. Un possesseur a juré que la chose n'appartenait pas au demandeur; il peut toujours se servir de l'*exceptio jurisjurandi* pour repousser celui qui a déféré le serment; mais vient-il à perdre la possession il ne peut obtenir d'action pour la récupérer, car il avait juré que la chose n'était pas à son adversaire, et nullement qu'elle était à lui; or, nous savons que pour revendiquer il faut justifier de sa propriété. D'après les mêmes principes, il faut décider avec le même auteur que celui qui a juré que la chose était sienne et en a perdu depuis la possession, peut obtenir une *actio in factum* pour la ressaisir, pourvu que le possesseur actuel soit encore l'ancien adversaire.

§ 3. — DU SERMENT PRÊTÉ PAR LE DEMANDEUR.

Quand le demandeur a juré ou qu'il lui a été fait remise du serment, il naît à son profit une *actio in factum*, dite *de jurejurando* ou *jurisjurandi*, par laquelle il est prescrit au juge de chercher, non pas s'il est dû ou non, mais si le serment a ou n'a pas été prêté. La question primitive est écartée (1), car, dit Ulpien (2), elle a été assez éclaircie par la pres-

(1) V. *Cod. de reb. et jurej.*, l. 9, § 1.
(2) L. 5, § 2, h. t.

tation du serment; la condamnation doit porter sur la quotité au sujet de laquelle il a été juré, si toutefois il a été affirmé que la somme entière était due, comme l'explique Paul (1). Une femme a juré qu'il lui est dû dix mille sesterces pour cause de dot, elle devra les recevoir; a-t-elle simplement juré qu'elle avait apporté pareille somme en dot? Il ne faudra rien en conclure d'autre que la réalité du fait même de l'apport, en réservant entière la question de restitution des deniers.

Le résultat de l'action *in factum* devra du reste être le même que celui de l'action originaire: si j'ai juré que l'hérédité en litige entre vous et moi m'appartient réellement, j'aurai exactement le même droit que si le juge avait décidé directement que j'étais héritier; je pourrai exiger non-seulement la restitution des choses que vous possédiez, mais encore celle des objets dont vous avez acquis la possession après le serment (1).

Certaines actions entraînent, en cas de dénégations, une condamnation au double ou à une quotité plus forte encore, ce sont les *Lites quæ inficiatione crescunt;* lorsquelles sont novées par l'*actio jurisjurandi* il ne saurait être question, dit Paul (2), de condamnation au double, car le demandeur est

(1) L. 30, h. t.
(2) Ulp. L. 11. § 3, h. t.
(3) L. 30, h. t.

dée de se dispenser de faire la preuve; cette différence entre l'action directe et l'action utile peut déterminer le demandeur à choisir la première : il en a le droit, mais dans ce cas ne peut se dispenser de retomber dans les règles ordinaires pour ce qui est de la preuve.

Si le serment a été déféré au sujet d'une action temporaire, cette action est remplacée ou novée par une action perpétuelle (1).

Le serment, par une fiction de droit qui souvent est une réalité, fait considérer le fait affirmé comme constant et lui fait produire toutes ses conséquences : c'est pourquoi celui qui a juré peut à son tour être exposé à une action, précisément à cause du fait qu'il a affirmé (4). *Primus* jure que *Secundus* lui a vendu une chose pour cent sesterces : il peut réclamer la livraison de la chose, mais pourrait-il lui-même être recherché pour le paiement du prix? Ulpien décide que oui. Si un homme avait juré avoir fait une Société, il pourrait être actionné par l'*actio pro socio;* de même si quelqu'un a juré qu'un fonds a été donné en gage pour 10,000 il ne pourra exercer l'action hypothécaire qu'après avoir payé cette somme.

déjà assez favorisé par la faculté qui lui est accor-

(1) L. 9, § 3, h. t.
(2) L. 13. h. t. 3,4,5.

V.

Entre quelles personnes et sur quels objets le serment produit son effet.

Il faut pour que l'autorité du serment puisse être invoqué, que la prétention primitive se reproduise, comme nous l'avons dit plus haut, avec le même objet, la même cause et les mêmes personnes.

De l'identité des personnes. — Les parties entre lesquelles le serment est intervenu, doivent être les mêmes : *Res inter alios judicatæ neque emolumentum afferre his qui judicio non interfuerunt, neque præjudicium solent irrogare* (1). La chose est censée jugée par le serment, non-seulement à l'égard des personnes qui ont été parties par elles-mêmes, mais encore de celles qui ont été représentées par leurs tuteurs, curateurs ou autres administrateurs ayant qualité pour faire la délation. Les successeurs des parties sont considérés comme les mêmes parties que ceux auxquels ils ont succédé, il en est de même en matière réelle de ceux qui ont succédé, bien qu'à titre singulier : par exemple, si vous demandez à un acquéreur un héritage au sujet duquel votre père, dont vous êtes l'héritier, a déféré le serment, vous serez repoussé par l'*exceptio jurisjurandi;* on ne pourrait pas, par contre, dire qu'un serment déféré

(1) 2 Cod. quib. res judic. non noc.

au successeur soit opposable à l'auteur. *Julianus scribit exceptionem rei judicatæ a persona autoris ad emptorem transiri solere; retro autem ab emptore ad emptorem reverti non debere* (1).

Peu importe que les personnes entre lesquelles le premier serment est intervenu soient les mêmes matériellement, si elles jouent dans la seconde instance un rôle différent; si elles y figurent comme d'autres personnes juridiques, il n'y a pas lieu à action ou à exception du serment; par exemple si *Primus* a déféré à *Secundus* le serment au sujet de la propriété d'un immeuble, il pourra le déférer encore s'il agit comme tuteur de *Tertius*.

Vis-à-vis des tiers, nous le répétons, le serment ne peut faire preuve. Un demandeur a juré qu'un fonds lui appartenait: il a *actio j. j.*, contre le possesseur qui lui a déféré le serment, ou ses ayant cause; mais ce possesseur vient-il à perdre la possession, il n'aura pas action contre les tiers possesseurs (2). Un héritier apparent a juré que l'hérédité était bien à lui; il peut se défendre par l'*exceptio j. j.* vis-à-vis du délateur, mais non vis-à-vis du tiers. Quand de deux débiteurs d'une même chose l'un a juré que la chose n'était pas due, l'autre profite du bénéfice du serment *nam jusjurandum loco solutionis cedit* (3); il en est de même des

(1) L. 9, § 2 de Except. rei. jud.
(2) D. IV. t. II. 7. 7.
(3) L. 27 et 28. § 1. h. t.

fidéjusseurs quand le serment a porté sur l'obligation elle-même et non sur le fait de la fidéjussion, sur une exception purement personnelle.

A Rome, le droit du légataire dépendait de celui de l'héritier institué; si donc cet héritier avait refusé le serment sur la question de savoir si l'hérédité lui appartenait, la décision qu'entraînait ce fait ne pouvait vis-à-vis des légataires être considérée comme *res inter alios acta;* il était permis de la leur opposer, mais ils avaient la ressource de l'appel (1), ou lorsque le jugement était rendu en dernier ressort, celle de l'opposition; il en était autrement de l'exception que l'on eût pu opposer à un légataire qui n'eût pas voulu jurer que le testament était valable: celle-ci ne pouvait servir contre l'héritier, vis-à-vis de lui il était *res inter ilios acta.*

De l'identité des choses. — Pour qu'il y ait lieu d'invoquer le serment, il faut que la chose qui fait l'objet de la seconde demande soit la même; non pas toujours dans son identique individualité, mais dans sa personnalité (suivant des distinctions que nous développons en matière de droit français) (2).

De l'identité de motifs. — Il faut en troisième lieu que la cause, le motif immédiat et juridique sur lequel est fondé la demande, soit la même, faute de quoi pas d'exception ni d'action: si par

(1) L. 5. § 1 et 2 de Appel.
(2) V. ch. VI § 5.

exemple *Primus* a déféré le serment pour savoir si un immeuble lui avait été vendu par *Secundus,* et a succombé : que plus tard il vienne soutenir contre *Tertius,* héritier de *Secundus,* que *Secundus* lui a légué l'immeuble par testament, il ne pourra être repoussé par l'*exceptio j. j.* parce qu'il n'y aura pas *eadem causa petendi.* Il faut à cet égard distinguer avec soin entre la cause et les moyens employés pour la justifier ; l'identité de moyens ne saurait nuire à celui qui les met en avant, de même que leur disparité ne pourrait rendre recevable une demande fondée en réalité sur la même cause : si donc le serment était intervenu à raison d'actions *mandati, neg. gestorum, societatis*, etc., et qu'ensuite à raison des mêmes faits on voulût exercer la *condictio certi,* il y aurait encore lieu à exception ; car, dit Paul, l'extinction d'une action a entraîné celle de l'autre (1).

(1) L. 28 § 4 h. t.

DU SERMENT DÉCISOIRE EN DROIT FRANÇAIS.

I.

De la nature et de la forme du serment.

Dans notre droit, le serment est un moyen de preuve extrême, usité principalement quand tous les autres font défaut. Celui qui l'emploie espère que, vaincu par le témoignage de sa propre conscience, l'adversaire n'osera pas affirmer en face de Dieu un fait qu'il sait faux et que de son silence résultera un aveu formel bien que tacite, d'où résultera une présomption *juris et de jure* qui fera succomber l'adversaire dans sa demande ou dans son exception : car à la différence de ce qu'elle admet dans la matière des preuves criminelles, la loi veut que l'on considère comme une reconnaissance du droit de l'adversaire, le défaut de réponse de la part de celui à qui le serment est déféré ; elle rapproche ainsi ce fait de celui d'un homme qui, interrogé au sujet d'un écrit dont la sincérité serait contestée, refuserait de s'expliquer. La fin que se propose celui qui défère le serment est donc d'en provoquer le refus, et de donner naissance à une présomption : voilà pourquoi le Code a traité de notre matière en même temps qu'il s'occupait de celle des preuves et l'a placée immédiatement après l'aveu, non loin de de la chose jugée avec qui elle offre la plus grande analogie.

« Le serment judiciaire, dit l'art. 1357 c. N. est de deux espèces : 1° celui qu'une partie défère à l'autre pour en faire dépendre la décision de la cause ; 2° celui qui est déféré d'office par le juge à l'une ou à l'autre des parties. » C'est là une grande division qui se retrouve également dans le droit romain : le serment supplétif, déféré d'office par le juge est un simple moyen de preuve, nous n'avons pas à en traiter dans cette thèse. Le serment décisoire est plus qu'un moyen de preuve ordinaire, car suivant l'opinion générale il renferme ou plus tôt il est motivé par un contrat, par une véritable transaction ; c'est de lui seul que nous avons à nous occuper ici.

La lettre de l'art. 1357 ne s'applique qu'au serment déféré devant le juge par l'un des plaideurs à l'autre, au serment décisoire judiciaire ; il en existe pourtant un autre qui produit les mêmes effets et engendre comme lui une présomption comparable à celle de la chose jugée : c'est le serment extrajudiciaire, celui dont les parties conviennent volontairement de faire dépendre la décision du litige, en dehors de toute intervention du magistrat. A part ce que nous dirons de la différence qui existe dans le principe générateur de ces deux variétés du serment, nous pourrons appliquer à l'un ce que nous dirons de l'autre, et quand nous parlerons de l'action ou de l'exception *jurisjurandi,* nous entendrons aussi bien celle qui procède du serment déféré devant le juge que de celui que les parties se seraient déféré entre elles hors de sa présence.

Je viens de dire qu'une différence existait entre la cause du serment judiciaire et celle du serment extrajudiciaire. Pour ce qui est de ce dernier acte, il est clair qu'il n'est motivé que par une transaction parfaite, aucun doute ne saurait exister sur ce point; mais en est-il de même de l'autre, et peut-on trouver dans le fait de la délation du serment les éléments constitutifs d'un contrat? Telle est la question que nous avons le droit de nous poser ici, de même que nous nous la sommes posée en droit romain; nous devrons, je crois, la résoudre de la même manière et dire que bien que présentant avec les transactions une analogie telle, que les règles de ce contrat lui sont toutes applicables, le serment en diffère par sa nature intime et par un point essentiel; pour qu'il y ait contrat il faut que les parties soient libres, que chacune d'elles puisse empêcher la formation de la convention par un simple refus de volonté et faire que l'offre qui lui avait été faite demeure dénuée de tout effet; c'est là une condition indispensable et en dehors de laquelle l'homme ne saurait donner un consentement valable. Or, dans le serment décisoire, celui qui fait la délation est incontestablement libre de ne pas la faire; pour lui il y a aliénation d'un droit, du droit de faire la preuve par les moyens ordinaires; il y a offre de transaction, absolument comme si cette offre était faite extrajudiciairement; mais la partie à laquelle est faite la délation, que peut-elle faire? et quelles ressources s'offrent à elle? Elle doit jurer, refuser le serment, ou le référer, et chacun de ces partis entraîne des conséquences diverses. Dans aucun cas elle ne peut empêcher, en refusant sa volonté, les effets d'une délation à laquelle elle n'a pas concouru; dans aucun cas elle ne peut faire que les choses soient dans l'état où elles eussent été si la délation n'avait pas été faite. Pour cette partie il n'y a pas eu libre disposition et, partant, contrat synallagmatique. Il faut donc, je crois, considérer le serment comme une opération à double face: transaction d'un côté, de telle sorte que les règles de ce contrat lui sont applicables; de l'autre, simple moyen de preuve, introduit au profit de quiconque veut faire triompher une prétention en justice, et par laquelle on peut contraindre son adversaire à choisir entre trois partis : affirmer son bon droit devant Dieu, s'en remettre à son tour à une semblable affirmation faite par l'autre partie, ou garder le silence en perdant son procès.

Pour ce qui est du mécanisme même, si je puis employer ce terme, et des circonstances dans lesquelles peut se produire l'acte dont nous traitons, nous pouvons renvoyer à ce que nous avons dit sur cette matière en droit romain ; rien n'a été changé, le serment est toujours employé dans des circonstances analogues à la décision des procès. Ce qui a varié ce sont les formes, et de la question de savoir celles qui doivent être employées ont surgi, dans plusieurs cas, de vives controverses. Nous savons que le serment est tout à la fois un acte religieux et civil : religieux par sa nature, civil par les effets qu'il produit ; il doit donc dans sa forme présenter un caractère éminemment religieux pour ne pas dégénérer en simple affirmation, il doit être fait devant Dieu d'une manière valable et sérieuse ; or, nos lois n'ont pas donné de formule sacramentelle : dans la pratique, le juge interroge celui qui doit jurer et celui-ci répond : « Je le jure ! » en levant la main droite. Pour la majorité des citoyens, un tel acte est aussi obligatoire que s'il avait été accompagné de rites particuliers ; les Catholiques et la plupart des Protestants se considèrent comme liés au point de vue de la conscience, mais d'autres, les Israëlites et les Quakers, ne pensent pas de même : les premiers parce que selon eux le caractère religieux n'intervient qu'autant qu'ils jurent entre les mains d'un rabbin, suivant certaines formes ; les seconds parce que leur conscience s'oppose à ce qu'ils prononcent un serment, quelqu'en puisse être du reste la formule. Que décider à l'égard de ces religionnaires? Pour les Quakers, la question est tranchée ; dans toute l'Europe on reconnaît que la loi n'a pas le droit de violenter leur conscience et qu'il faut se contenter vis à vis d'eux d'une simple affirmation. Mais pour les Israëlites il y a plus de difficultés : il n'est plus question, en effet, de les contraindre à un acte qu'ils croiraient illicite, mais bien de les forcer d'accomplir des cérémonies qui, pour eux, sont inséparables de la prestation effective du serment. Pourront-ils être admis à jurer dans les formes vulgaires, ou devront-ils, quand leurs adversaires le demanderont, être contraints de le faire *more judaïco ?*

Sous l'empire de notre ancienne jurisprudence, la question s'était présentée souvent, dans les provinces de l'est particulièrement; elle avait été décidée dans ce sens que les Juifs devraient prêter serment *more judaïco* devant des rabbins patentés par le roi à cet effet (1). Depuis on s'est demandé si la loi des 27 septembre et 13 octobre 1791, qui admettait les Juifs

(1) V. arrêt du conseil souverain d'Alsace, du 10 juin 1739.

à l'exercice de tous les droits civils et politiques, les assimilait, pour la forme et la prestation du serment, aux autres citoyens français et abrogeait à cet égard les rites de leur culte. Plusieurs fois la jurisprudence a tranché la question en divers sens, et la doctrine l'a appréciée différemment. Les partisans de l'affirmative, au nombre desquels se trouve la Cour de Cassation, soutiennent que les tribunaux n'ont pas le droit de s'ériger en juges de la conscience des parties qui plaident devant eux; que la liberté des croyances s'oppose à ce qu'on revendique en quelque sorte certains individus au nom d'une religion; que du reste ce serait aller trop loin que de prétendre que de ce qu'une forme de serment existe dans un culte, il ne peut être fait, par un homme qui suit ce culte, un serment sincère en dehors de cette forme. Il se peut qu'un religionnaire croie sa conscience engagée à jurer suivant les solennités d'un culte reconnu, dans ce cas on doit lui permettre de jurer ainsi; mais s'il pensait au contraire que ces solennités n'ont rien de substantiel et qu'il pût jurer suivant les formes communes et s'adresser à la divinité d'une manière générale, en disant simplement ces mots : *Je le jure,* dans ce cas il devrait être admis à jurer ainsi. Lui imposer une forme de serment qu'il repousse, serait juger et décider un point de dogme.

En effet, que répondre de raisonnable à un Israëlite

qui déclare que dans son âme et conscience le serment prêté dans la forme ordinaire a le même effet que le serment prêté *more judaïco*, et que répondre au rabbin qui refusera de recevoir le serment sous cette forme quand la justice l'aura ordonné?

Cette doctrine, acceptée par Merlin et plusieurs auteurs, a été consacrée par un grand nombre d'arrêts et surtout par celui de la Cour de Cassation, en date du 3 mars 1846, dans lequel se trouvent rapportées et développées les considérations que nous venons de faire valoir d'une manière sommaire. « La loi, dit un arrêt de la cour de Turin (1), ne saurait se plier aux exigences des différents cultes; sa formule du serment doit être uniforme; dans le sanctuaire de la justice on ne fait acception ni de personnes ni de religions, et partant les juifs ne peuvent être contraints de sortir des formes admises pour tous les citoyens indistinctement. »

Malgré ces raisons qui paraissent, il faut le dire, en harmonie avec les principes admis par nos constitutions en matière de religion, nous pensons qu'il faut adopter l'opinion contraire, bien plus conforme à l'équité naturelle, aux vrais principes qui régissent la foi des conventions; bien plus contraire à la fraude que viendrait ouvertement favoriser la doctrine admise par la Cour suprême.

Le serment décisoire est un acte religieux, nul

(1) 22 févr. 1809.

ne saurait le contester, et tous les peuples l'ont considéré de cette manière; donc, il faut que celui qui jure observe les formes de sa religion. Le code Napoléon, admettant le témoignage et même l'affirmation judiciaire comme moyen de preuve, a reproduit à dessein l'ancienne forme du serment qui n'implique l'emploi d'aucune formule religieuse; et si le code civil, de même que celui de procédure, n'a pas prescrit l'invocation de la Divinité, c'est parce qu'il a voulu que la forme religieuse à suivre par chacun dépendît de la religion qu'il professait; or, les Israëlites ont une coutume uniforme suivant laquelle le serment se prête en présence d'un rabbin, *tactis scripturis*. Cette coutume n'a rien de contraire aux lois, et loin d'être repoussée par elles, elle est implicitement consacrée par leur silence à son égard. Rien ne s'oppose donc en principe à ce que, devant le juge, il soit juré *more judaïco*. Comme on le reconnaît de part et d'autre, l'Israëlite a le droit de choisir et de s'en tenir, s'il le préfère, à la forme ordinaire. Tout cela ne souffrirait aucune difficulté s'il était seul en cause et que ses intérêts dussent seuls être sauvegardés; mais dans le cas de la délation du serment en est-il ainsi? Quand une partie défère le serment, elle ne fait qu'user d'un droit accordé à tous ceux qui ont une contestation judiciaire, droit qui consiste à remettre la décision du litige au témoignage de la conscience de son adversaire ; mais, en cela faisant, elle peut exiger que ce témoignage soit sérieux et efficace, et par conséquent contraindre son adversaire à employer les rites de sa religion, qui seuls pourront le lier au regard de sa conscience. L'adversaire qui résisterait à cette juste prétention prouverait par son refus que son intention est dolosive, et la loi qui viendrait l'appuyer lui donnerait le droit et le privilége exclusif de tromper ses concitoyens en éludant toujours en fait l'obligation souvent fort dure de prêter serment.

La doctrine de la Cour de Cassation revient donc à peu près à dire que le serment ne peut être déféré à un Israëlite, puisqu'il ne peut l'être d'une manière utile, à donner ainsi un privilége à toute une classe de citoyens et, sous prétexte de sauvegarder des principes de liberté religieuse qui ne sont point en jeu dans cette question, à blesser en fait l'égalité politique : il vaut mieux, je crois, dire avec Boncenne « que cette question ne comporte pas tant de considérations étrangères. Veut-on, oui ou non, conserver le serment ? Il faut alors lui donner la sanction religieuse et ne point dispenser celui qui doit jurer des formes et des invocations que sa doctrine a consacrées : sinon, au lieu de cette liberté que l'on réclame, mieux vaut adopter franchement le système de Bentham, supprimer le serment judiciaire, ne faire lever la main à personne, puisque la foi des uns y serait engagée et celle des autres point.

Une simple affirmation sera substituée au serment, la sanction morale à la sanction religieuse, le mensonge à la profanation (1). »

Cette doctrine devra s'appliquer à une condition, c'est que le religionnaire interrogé au sujet du culte auquel il appartient, déclarera suivre l'un de ceux que reconnaît la loi, autrement le juge ou l'adversaire ne sauraient être admis à se livrer à des recherches tendant à prouver que malgré ses dénégations il appartient en réalité à telle ou telle religion. Dans le cas où la partie interrogée sur le point de savoir si elle suit la religion israélite, affirmerait ne pratiquer aucun culte, il faudrait s'en tenir aux termes du droit commun et se contenter du serment ordinaire.

Mais si un homme déclarait ne pas croire à l'existence de Dieu, *quid* du serment qui lui serait déféré ? Dans ce cas bien différent de celui que nous avons examiné plus haut, la loi n'est pas en présence d'un homme auquel on peut imposer l'emploi de cérémonies qui ne répugnent point à sa conscience, mais bien d'un athée qui, par ses doctrines, doit repousser toute espèce d'invocation adressée à un être auquel il ne croit pas : il y a une impossibilité

(1) Dans ce sens : Metz, 5 janv. 1827. — Colmar, 8 juil. 1808. — Pau, 11 mai 1830. — V. Toullier, Serment. — Favart de Langlade, rep. serm. — Pigeau, Proc. — Carré, Lois de proc., etc. — *Contrà* : Bonnier, Proc. — Zachariæ, etc., etc.

formelle, et il faudra, croyons-nous, se contenter d'une simple affirmation comme on se contente de celle du Quaker.

II.

Sur quelles choses peut être déféré le serment.

Le serment peut être déféré sur quelque contestation que ce soit et dans toute espèce d'instances, possessoires ou pétitoires, réelles ou personnelles; mais il est clair, et c'est un principe fondamental en cette matière, qu'il ne peut porter que sur ce qui est du propre fait de la partie à laquelle on le défère, « une partie, nous dit Pothier, n'est même pas obligée de rendre le serment sur le fait d'une autre personne de qui elle est héritière, ou aux droits de laquelle elle est, car nul ne peut ignorer son propre fait, tandis que personne n'est obligé de savoir ce qui est du fait d'un tiers (art. 1358, 1359). » Il pourrait l'être sur le fait de savoir si la partie a ou n'a pas connaissance du fait d'un tiers, et cette règle, loin de faire exception à l'art. 1359, ne fait que le confirmer, puisque le fait de la connaissance est éminemment personnel à celui qui sait ou qui ignore.

Il faut en second lieu que le serment soit déféré

sur des choses capables de fournir l'objet d'une transaction : cette disposition, qui n'est pas écrite dans la loi, est fondée sur le caractère que le serment emprunte aux transactions, caractère suffisant, nous l'avons dit, pour que les règles de ce contrat soient toujours applicables à notre matière : elle exclut toutes les contestations se rattachant à des questions d'ordre public ou à d'autres faits exceptionnels dont nous parlerons ultérieurement (1).

Ainsi deux restrictions sont apportées à la délation du serment, la loi exige : 1° que le fait sur lequel elle doit porter soit personnel à la personne qui doit jurer ; 2° que la matière soit susceptible de transaction. En dehors de ces deux conditions, aucune entrave n'est apportée à l'exercice de ce droit qui appartient à tous et peut intervenir toutes les fois que le demandeur ou le défendeur croit ne pas avoir une preuve suffisante du fait qui doit servir de fondement à sa demande ou à son exception.

Le serment, cela va sans dire, ne peut être déféré que lorsque la contestation qui divise les parties est sérieuse et propre à motiver un jugement entre elles ; mais pourrait-il l'être si la demande, bien que sérieuse en apparence au moins, n'était justifiée par rien ? quel sera dans l'hypo-

(1) C'est en vertu de ce principe que l'usage du serment décisoire a été rejeté sans retour au criminel, malgré les souvenirs de la législation romaine où son emploi était fréquent en cette matière. (V. Bonnier, p. 325.)

thèse ou l'on résoudrait la question affirmativement le pouvoir laissé par la loi aux tribunaux pour admettre ou rejeter cette délation?

L'art. 1360 c. N. est ainsi conçu :

« Il peut être (le serment) déféré en tout état de cause, encore qu'il n'existe aucun commencement de preuve à la demande ou à l'exception sur laquelle il est provoqué. »

Nous nous occuperons de la première partie de cet article quand nous traiterons la question de savoir en quel temps peut être déféré le serment; la seconde a trait à la difficulté que nous avons abordée : l'art. 1360 fut adopté dans le but de trancher la vive controverse qui, dans l'ancien droit, s'était élevée en cette matière. Nous verrons si le vœu du législateur a été rempli. Certains docteurs, Bartol, Balde, etc., prétendaient que pour qu'il y ait lieu à admission du serment, il fallait un commencement de preuve à la demande; ils s'appuyaient : 1° sur ce principe général de droit qui veut que le demandeur succombe quand il ne peut administrer la preuve de sa prétention *(l. 4 cod. de Edend.)*, le défendeur n'étant tenu à rien ne peut être contraint de jurer, son rôle est purement passif; 2° sur ce que le demandeur devant fournir sa preuve, le défendeur ne peut être obligé à la fournir contre soi-même *(l. 7. cod. de Test.)*; 3° sur ce qu'il serait contraire à l'équité et à la saine raison de permettre à quelqu'un de venir, sans aucun motif sérieux, causer à autrui l'embarras d'un serment, sur des choses même personnelles et certaines.

Dans l'opinion contraire on soutenait qu'une partie doit être admise à déférer le serment sans qu'il lui soit nécessaire d'apporter aucun commencement de preuves. Les partisans de ce système, Cujas, Donneau, Vinnius, Pothier, etc., ont enseigné qu'on ne devait pas exiger du demandeur ce que la loi, qui a établi l'usage de serment décisoire, ne lui a pas imposé, et que l'édit du préteur dit indistinctement : *Eum a quo jusjurandum petitur jurare aut solvere cogam.* Que comme il peut arriver qu'une demande dont il n'y a aucun commencement de preuve soit par elle-même très-juste, le juge ne doit négliger aucun moyen d'arriver à la connaissance de la vérité, et ne doit pas manquer de saisir celui qu'on lui présente par la délation du serment, etc.

Cette seconde doctrine est évidemment passée dans la lettre de notre article, mais cette lettre doit-elle être prise dans toute sa rigueur et d'une manière absolue? Autrement la délation ne dépend-t-elle uniquement que de la volonté des parties? le juge ne peut-il pas écarter un serment qui porterait sur des faits invraisemblables ou inadmissibles?

Plusieurs auteurs ont admis que non et que le juge ne pouvait se livrer à aucun examen des faits sur lesquels porte la délation du serment : ils s'appuient sur le texte formel du code inspiré par les doctrines de Pothier, ils font valoir la considération de l'influence extrême que l'opinion de cet auteur exerçait sur nos législateurs, et enfin reproduisent toutes les raisons que, sous l'empire de l'ancien droit, faisaient valoir les partisans de son système. « Quand le code civil, dit M. Bonnier, édicte que le serment *peut* être déféré, ce n'est pas aux juges, mais aux parties qu'il entend attribuer une faculté. C'est donc bien mal à propos qu'un arrêt de rejet du 23 avril 1829 a reconnu aux tribunaux un pouvoir discrétionnaire pour autoriser ou refuser cette délation. On a toujours vu dans le serment décisoire une ressource extrême qui doit être accordée au demandeur dénué de toute autre preuve, lorsqu'aucun texte ou aucune règle de droit ne s'y oppose. Il n'y a aucun motif de le priver arbitrairement de cette ressource, c'est lui après tout qui est le meilleur juge de ce que son intérêt lui prescrit. »

Il faut en convenir, ces raisons sont solides; néanmoins la jurisprudence, par une direction presque générale, a adopté le système opposé. Il a été décidé par un grand nombre d'arrêts que les tribunaux sont appréciateurs souverains de l'opportunité de la délation du serment décisoire et qu'ils ne sont pas tenus d'y avoir égard. Cette doctrine est principalement fondée sur les expressions facultatives de l'art. 1357 c. N., qui porte : « Le serment décisoire *peut* être déféré sur quelque contestation que ce soit. » Le libre arbitre du juge, dit-on, ne peut avoir été enchaîné au sujet de la moralité et de la pertinence des faits sur lesquels le serment a été déféré, sans quoi on arriverait à l'absurde conséquence que la justice serait dans la nécessité d'admettre une délation déraisonnable. Un semblable résultat ne saurait être dans l'esprit de nos lois : dès lors il faut expliquer leur texte par les principes généraux du droit ; or, la justice est toujours appréciatrice de la nature et de la portée des faits qui lui sont soumis ; il est hors de doute, et c'est un point sur lequel tous les jurisconsultes sont d'accord, que le serment doit être refusé dans une espèce où les faits sur lesquels on veut le déférer ne sont pas concluants. Pourquoi ne pourrait-il pas être également refusé quand les faits sur lesquels on veut le faire porter ne sont pas admissibles ?

Autre question controversée : Le serment peut-il être déféré sur l'existence d'obligations rapportées dans un acte authentique ?

Dans un système adopté par MM. Duranton, Delvincourt, Bonnier, etc., on soutient que le serment ne pourrait être déféré qu'autant que le défendeur se serait inscrit en faux, car, bien que l'art. 1360 édictât qu'on peut déférer le serment, quand même il n'existerait aucun commencement de preuve de l'action ou de l'exception proposée, il n'en est pas moins nécessaire que l'exception ait été posée; or, on ne peut poser d'exception contre un acte authentique que par la voie de l'inscription en faux (1).

Les partisans de l'opinion contraire conviennent que l'art. 1319 dit bien que l'acte authentique fait pleine foi, etc. Mais, objectent-ils, nulle part il ne règle qu'aucune exception ne puisse être posée contre la foi due à cet acte, on peut toujours prétendre qu'il est simulé, ou bien encore, s'il s'agit d'un prêt, que l'argent n'a pas été versé, d'où il suit que, sans attaquer précisement l'acte lui-même, on peut déférer le serment sur ces divers points (2). Dans tous les cas il peut l'être sur le fait de savoir ce qui s'est passé ou ce qui a été dit avant, lors ou depuis l'acte, sur l'intention des parties dans une clause équivoque ou obscure, etc. Tous ces faits peuvent être établis par la voie de l'enquête, et en cette matière elle-même le serment peut être admis sur la véracité des faits constatés.

Nous venons de dire que le serment était admissible en matière d'enquête, c'est là un principe qui n'a presque pas besoin de démonstration et qui peut en quelque sorte être admis *à priori*. Les faits constatés par cette procédure peuvent toujours être dis-

(1) Art. 1319.

(2) Duparc-Poullain. Toullier.

cutés et leur véracité mise en doute; or, quand il y a constestation, le serment doit être admis à la vider dans tous les cas (sauf les exceptions dont nous avons parlé); aucune raison n'existe donc de l'écarter ici, pourvu, bien entendu, qu'il porte sur des faits dont celui qui doit jurer ait une connaissance personnelle, et que la contestation n'ait pas pour objet des actes de subornation ou de faux témoignages, cas où il faudrait recourir à des procédures spéciales.

Le porteur d'une lettre de change, en vertu d'un endossement régulier, peut-il être contraint par l'accepteur de prêter serment sur la question de savoir s'il en est légitime propriétaire ? Le tribunal de commerce de Marseille (jugement du 20 juin 1831) a décidé que non, par la raison que si en principe on pouvait admettre le serment contre de semblables titres, il en résulterait que fréquemment l'accepteur paralyserait pour un temps, entre les mains du porteur, un effet pour le paiement duquel la loi n'admet aucun retard. Cette décision, croyons-nous, ne saurait être adoptée; les dispositions des articles 1358 et 1360 c. N. sont formelles et générales, elles constituent le droit commun aussi bien en matière commerciale qu'en matière civile, et doivent toujours être appliquées, excepté dans le cas d'une dérogation formelle; or, cette dérogation ne se trouve écrite nulle part et on ne peut la chercher, comme le fait le jugement, dans des considérations générales sur la nécessité où se trouvent les commerçants d'arriver au prompt paiement des lettres de change; il faût rester purement et simplement, pour la solution de notre question, dans les termes du droit commun et dire que le serment peut-être admis.

Plus haut nous avons dit que le serment ne pouvait être déféré qu'à l'occasion de contestations susceptibles d'être terminées par une transaction ; ce principe s'applique à tous les procès dans lesquels l'aveu ne fait pas preuve, et à ceux qui intéressent l'ordre public ; sauf ces exceptions, la règle générale est favorable à l'admissibilité de la délation. Simple et facile quand elle est envisagée de loin, cette règle est féconde en difficultés d'application. Nous allons examiner les principales controverses auxquelles elle a donné lieu.

Quid des questions d'état proprement dites? de celle de filiation en particulier ? Faut-il admettre que les contestations en ces matières n'étant pas susceptibles de compromis ne peuvent être tranchées par la voie du serment décisoire? La cour de Cassation a rendu dans ce sens deux arrêts, l'un en date du 12 juin 1838 et l'autre du 27 février 1839; dès-lors il faut dire également que le serment ne peut être déféré sur le fait de la paternité ni sur celui de la maternité. Les adversaires de ce système distinguent entre le compromis et la transaction, au point de vue des causes si importantes qui prennent naissance dans les questions d'état. Il est défendu de compromettre en pareilles matières, mais nullement de transiger; or, celui qui a le pouvoir d'élever une contestation semblable, doit à plus forte raison avoir celui de la terminer par le moyen que la loi envisage de la manière la plus favorable : par celui de la transaction (1).

Au nombre des questions que nos lois ont considérées comme intéressant l'ordre public et sous ce point de vue devant être mises à côté des questions d'état, se trouvent les séparations de corps et de biens. En règle générale, pour transiger il faut avoir la libre disposition des droits sur lesquels doit porter l'arrangement; or, la loi, par les articles 307 et 1443 c. N., interdit toute séparation de corps ou de biens volontaire : partant les parties n'ont pas le pouvoir de produire ces actes directement; en second lieu, l'article 870, c. pr., nous fait savoir qu'en cette matière l'aveu du mari ne fait pas preuve. Nous avons donc tous les éléments nécessaires pour décider que le serment ne peut être admis en de pareilles causes.

Nous pouvons dire en général (et c'est un principe qui s'applique aussi bien à la présente espèce qu'à la précédente) que toute convention s'arrête aux seuls objets qui sont dans le commerce, qu'ainsi les

(1) Voyez Toullier, en ce sens.

droits de la nature, ceux de la société, ne peuvent faire la matière d'une transaction; or, demander si on peut transiger ou déférer le serment sur des questions d'état ou de séparation de corps, c'est demander si ces droits sont dans le commerce. Cette question n'a pas besoin de réponse, et il faut se résumer en disant que le serment est un mode de décider les affaires ordinaires, mis par le Code au titre des contrats, au rang des moyens propres à prouver soit les obligations, soit leur libération, et qu'à ces sortes de matières doit se limiter son intervention.

Dans tous les cas où la prétention du demandeur vient se heurter contre l'autorité de la chose jugée, ou contre un moyen tiré de la prescription, le serment ne peut être déféré, par des considérations qui touchent à l'ordre public (1). S'il s'agissait de prescriptions établies par les art. 2271, 2275 c. N. et 189 c. com., la délation du serment serait possible contre celui qui les invoquerait, parce qu'elles reposent uniquement sur une présomption de libération qui disparaît par suite du refus de prêter le serment déféré, bien différentes en cela des autres prescriptions qui contiennent, contre le créancier négligent, une véritable pénalité inspirée par un motif d'ordre public.

Une question fort délicate est celle de savoir s'il est permis de déférer le serment décisoire sur l'exis-

(1) V. Zach.

tence d'une transaction. M. Troplong enseigne la négative. D'après lui, toute transaction qui n'est pas rédigée par écrit ne peut être considérée comme sérieuse aux yeux de la loi, il n'y a que l'aveu des parties qui puisse la faire échapper à cette présomption ; il s'appuie sur les termes formels de l'art. 2144. Cependant l'opinion contraire, que partagent presque tous les autres jurisconsultes, nous paraît mieux fondée. Sans doute l'art. 2044 exige un écrit, mais est-ce à peine de nullité, comme l'art. 931 relatif aux donations entre vifs? ou les articles 1394 et suivants, relatifs aux conventions matrimoniales? Non, tous tous les auteurs, et M. Troplong en tête, admettent qu'une transaction avouée vaut une transation écrite. Un écrit n'est donc pas absolument nécessaire ; en l'exigeant qu'a-t-on voulu faire ? M. Albisson l'explique clairement. On a voulu prohiber la preuve testimoniale, parce qu'elle implique nécessairement d'abord un débat sur l'admissibilité de la preuve, puis un débat sur les résultats de l'enquête. Les témoignages peuvent être critiqués, contestés, suspectés ; le procès est reproduit. Peut-on assimiler à une procédure si longue et si difficile la procédure si simple de la délation du serment ? Ici pas de débat ; le procès consiste en une demande et en une réponse. Ajoutons, ce qui est péremptoire, que les art. 1368 et 1360 c. N. permettent de déférer le serment sur quelque espèce de contestation que ce soit, en tout état de cause et encore qu'il n'existe aucun commencement de preuve par écrit, et que la généralité de leurs termes se refuse à l'exclusion qu'on y voudrait lire (1).

III.

Où et quand le serment décisoire peut être déféré.

Nous avons vu que le serment décisoire pouvait être judiciaire ou extrajudiciaire; quand il est extrajudiciaire il renferme une transaction parfaite, chacune des parties reste libre de l'accepter ou de la refuser de la manière la plus absolue, il peut y avoir une offre de serment venant de l'un ou de l'autre des plaideurs, mais une offre ne produisant aucun effet par elle-même et n'engendrant un contrat qu'autant qu'elle est acceptée. Dans le serment judiciaire, au contraire, la simple offre, la simple délation produit des effets importants; la loi a donc dû, à la différence de ce qu'elle avait fait pour le serment libre que les parties se défèrent entre elles, poser des règles fixes sur la question de savoir où, quand et comment devait être faite la délation proprement dite.

(1) V. Delvincourt, Duranton.

La délation du serment doit avoir lieu en justice, devant le juge qui doit décider la question du procès ; il va sans dire, en effet, que ce moyen de preuve doit être apprécié par le tribunal qui doit décider de la recevabilité des autres, et que si l'on considère le serment comme une transaction, nul ne saurait être contraint d'y accéder extrajudiciairement. Que faudrait-il décider en appliquant ces principes dans le cas ou la délation aurait eu lieu devant un juge de paix pendant le préliminaire de la conciliation ? L'art. 35 du c. pr. résout la question : deux hypothèses peuvent se présenter, et sont prévues par lui. Le serment est prêté ou est refusé. Est-il prêté, il y a transaction extrajudiciaire, le juge la constate ; pas de difficulté sur ce point. Mais dans le cas ou la partie refuse de jurer, la loi dit que mention devra être faite de ce refus. Quel sera l'effet de cette mention ?

Il est hors de doute que le juge de paix ne pourra faire perdre le procès à celui qui devant lui aura refusé le serment ; mais, disent certains auteurs, ce sera au tribunal compétent qu'il appartiendra d'apprécier le mérite de ce serment déféré au bureau de conciliation, de discuter les motifs du refus et d'appliquer si il y a lieu l'art. 1361 du c. Nap. ; ce qui prouve cette théorie, dit-on, ce sont les derniers mots de l'art. 55 c. pr. qui prescrivent la mention du refus de serment. De quoi servirait cette mention, sinon à avertir le tribunal qui plus tard sera saisi de l'action, que par suite d'un refus de serment une condamnation doit être prononcée.

Cet avis ne saurait être admis; il faut dire, je crois, que l'esprit de la disposition de l'art. 1360 vise uniquement le cas où un serment est déféré en justice dans *le cours d'une instance* en présence d'un tribunal. Or, le bureau de conciliation pour les parties n'est point un tribunal: la procédure qui s'accomplit devant lui n'est pas une procédure préparatoire, elle a pour but tout au contraire d'empêcher le procès. En second lieu, quel sera le juge chargé d'apprécier le mérite de la délation du serment? sera-ce le juge de paix? Il n'est pas compétent pour cela, tout le monde le reconnaît. Sera-ce le juge saisi de la demande? comment admettre qu'il puisse, à l'aide d'une simple mention contenue dans un procès-verbal de non-conciliation, venir apprécier un fait qui s'est produit devant un autre? Le but de la mention qui prescrit l'art. 55 c. pr. n'est pas celui que mettent en avant les partisans du premier système: la loi a voulu uniquement que les juges fussent éclairés sur les diverses phases de l'action qu'ils ont à examiner; en cela faisant peut-être a-t-elle édicté une disposition imprudente. Si on adoptait l'avis de ceux qui soutiennent le système que nous combattons, il faudrait dire qu'elle a consacré une règle contraire au plus simple bon sens.

« Le serment, dit l'art. 1360, peut être déféré en tout état de cause, même en cause d'appel, » quand bien même il n'en aurait pas été question en première instance : cette disposition n'a rien qui doive surprendre, car la délation n'est pas considérée comme une demande nouvelle, en opposition avec les dispositions de l'art. 464 c. pr.; simple moyen de preuve, elle intervient uniquement dans le but de faire triompher la demande originaire; mais peut elle avoir lieu par conclusions subsidiaires et après tous autres moyens?

Cette question, vivement controversée, a été tranchée en divers sens par la jurisprudence. Plusieurs arrêts ont considéré que, déféré par une partie qui a fait valoir d'autres moyens, le serment litis-décisoire n'est en réalité qu'un serment supplétif et doit être traité comme tel par les magistrats; d'autres ont considéré que, suivant les circonstances, il peut être envisagé comme un serment décisoire ou comme un serment supplétif. MM. Aubry et Rau (1) proposent un troisième système et disent que le serment décisoire peut ne pas être considéré comme devant être l'*unique* moyen que se propose celui qui le défère, mais qu'il lui suffit, pour conserver sa nature, de devoir amener nécessairement la décision du litige : que c'est sur ce caractère que

(1) Zach. Serm., note 17.

porte la définition de l'art. 1357; que, du reste, le texte de l'art. 1360, en permettant de déférer le serment en tout état de cause, indique que le serment est une ressource extrême à laquelle les parties sont autorisées à recourir quand elles ont inutilement épuisé les autres moyens. Cette doctrine que nous adoptons résout la question dans un sens affirmatif.

IV.

Entre quelles personnes le serment peut être déféré.

§ 1. — QUI PEUT DÉFÉRER LE SERMENT ?

Celui qui défère le serment fait une transaction et une aliénation volontaire, il doit donc avoir capacité de disposer des choses et des droits qui font l'objet de la délation. Conséquemment les administrateurs de la chose d'autrui n'ont point, en général, le pouvoir de déférer le serment. Cette règle, qui recevrait son application en cas d'absence ou de succession bénéficiaire ou vacante, est particulièrement appliquée au tuteur, qui ne peut transiger pour l'incapable qu'il représente, autrement qu'en observant des formes et des conditions spéciales (art. 467 c. N.). Le tuteur ne peut déférer le serment à son pupille devenu majeur au sujet du compte de tutelle, en vertu de certaines considérations tirées principalement de la crainte des surprises (art. 472). Les administrateurs qui représentent les communes et les établissements publics, n'ont pas plus que les tuteurs le pouvoir de transiger en leur nom; ils doivent pour cela se pourvoir au préalable d'une autorisation du gouvernement.

Le pouvoir d'administrer n'emporte pas, en général, celui de déférer le serment, excepté sur des objets exclusivement d'administration, tels que compte de fermiers, etc. Toutes les règles sur la capacité des parties en matière de transaction s'appliquent naturellement au serment décisoire. Le principe général est que ceux qui ne sont pas compris dans l'une des exceptions énumérées dans la loi, sont capables; et qu'à tous les majeurs ayant la libre disposition de leurs biens, quel que soit du reste leur rôle au procès, qu'ils soient demandeurs ou défendeurs, s'applique l'art. 1358 qui veut que « le serment puisse être déféré sur quelque contestation que ce soit. »

§ 2. — A QUI PEUT ÊTRE DÉFÉRÉ LE SERMENT.

Les principes qui régissent cette matière sont corrélatifs à ceux qui s'appliquent à la matière du § précédent : le serment peut être valablement déféré à tous ceux qui pourraient eux-mêmes le déférer; vis-à-vis d'eux seuls il produit tous ses effets et doit être prêté, refusé ou référé, comme nous l'expliquerons plus loin. Quand il est déféré à un incapable, il produit son effet dans le cas où il a été prêté, car alors l'adversaire ne peut se plaindre de l'incapacité de celui à la conscience duquel il a remis la décision du litige, même dans le cas où il serait constant qu'il ne connaissait pas cette incapacité; nul en effet n'est censé ignorer l'état de ceux avec lesquels il contracte. Dans le cas où la délation aurait été faite par l'incapable et acceptée par son adversaire, elle aurait effet si elle lui était favorable, je veux dire si le serment avait été refusé, mais jamais dans le cas ou il aurait été prêté.

Le serment ne peut être déféré qu'à celui qui plaide en son propre nom, et pas à ceux qui ne font que représenter en justice l'une des parties (1) comme aux tuteurs administrateurs d'une commune, ou syndics de faillites. En matière de brèves prescriptions (art. 2275), il peut être déféré au tuteur de celui qui les invoque; mais c'est là une manifeste exception au principe général: on ne saurait l'étendre au-delà du cas de l'art. 2275 et de celui de l'art. 189 c. com.

(1) Zach.

V.

Des effets de la délation du serment.

Tant que l'offre de serment que fait l'une des parties, et qui est un offre de transaction, n'a point été acceptée par l'autre, elle peut être retirée; c'est là un principe dont nous trouvons la consécration dans l'art. 1364 c. N. « La partie qui défère ou réfère le serment, ne peut plus se rétracter lorsque l'adversaire a déclaré qu'il était prêt à faire ce serment. » Donc, par argument *à contrario,* tant que l'offre n'a point été acceptée elle peut-être retirée. Sous l'empire de notre ancienne jurisprudence on admettait que si l'offre de serment avait été rétractée une fois, elle ne pouvait plus être faite de nouveau. On se fondait sur la loi 11, *cod. de reb. cred.* Rien dans nos lois ne semble avoir consacré ce principe que nous devons considérer comme inapplicable.

La partie à laquelle s'adresse la délation de serment a, nous le savons, trois partis à prendre. Elle peut 1° refuser de prêter le serment, 2° le référer, 3° le prêter. Chacun de ces partis entraîne pour celui qui l'a choisi des conséquences diverses et produit des effets que nous allons étudier séparément (1).

(1) Si une contestation s'élevait au sujet du droit même de déférer le serment, le tribunal devrait d'abord la trancher par un jugement inter-

§ 1. — DU REFUS DE SERMENT.

Art. 1351 c. N. — « Celui auquel le serment est déféré, qui le refuse ou qui ne consent pas à le référer à son adversaire... doit succomber dans sa demande ou dans son exception. »

La disposition est formelle, mais il va sans dire que, pour qu'elle s'applique, il faut que la délation du serment soit régulière et que le refus de le prêter ne soit causé que par le témoignage d'une conscience qui se refuse à affirmer un fait faux. Si la délation du serment avait été faite par une partie incapable, que faudrait-il décider? ne serait-il pas possible à la partie capable de refuser le serment, sans être accablée par l'invincible présomption légale qu'édicte l'art. 1361 c. N.? Nous pensons que oui. En effet, cette partie pourra toujours répondre par une fin de non recevoir à la délation qui lui serait proposée, en objectant que l'incapable n'étant pas lié par

locutoire : c'est en vue de cette hypothèse qu'a été redigé l'art. 120 c. pr. « Tout jugement qui ordonnera un serment énoncera les faits sur lesquels il sera reçu. Le jugement interlocutoire devrait toujours être suivi d'un jugement définitif sur le fonds du procès ; mais dans la pratique, pour ne pas multiplier les frais, on rend souvent un seul jugement dans lequel on prononce d'avance condamnation contre la partie qui ne prêterait pas le serment à elle déféré. Dans le cas où il serait prêté, il faudrait toujours en donner acte. Le jugement ordonné par l'art. 120 c. pr. devra, comme contenant un fait personnel à la partie interpellée, être signifié tant à avoué qu'à partie (146 c. pr.).

sa délation, elle ne peut l'être davantage; que dans le cas où elle aurait prêté le serment, elle n'aurait pu se prévaloir de cette prestation vis-à-vis de l'incapable et la lui opposer; que partant elle a pu refuser une offre de transaction exclusivement à son désavantage.

« Le refus de prêter le serment profite à la partie qui l'a déféré ou à ses ayant-cause et ne peut être opposée qu'à la partie dont émane le refus et à ses héritiers ou ayant cause (1). » Le serment refusé par l'un des créanciers solidaires n'a d'effet que pour sa part et ne peut nuire aux autres, en vertu de ce principe que les créanciers et les débiteurs solidaires sont considérés comme s'étant donné mandat à l'effet d'améliorer leur position, mais jamais de l'empirer; en vertu du même principe il faut dire que le refus de serment de la part du créancier, sur la délation de l'un d'entre plusieurs débiteurs solidaires, au sujet du fait de la dette, profite aux autres débiteurs.

Quand le serment a été déféré ou référé à plusieurs personnes et que l'une refuse de le prêter, ce refus ne peut priver les autres du bénéfice du jugement qui en a ordonné la prestation (2).

(1) Art. 1375.
(2) Zach.

§ 2. — DE LA RÉLATION DU SERMENT.

Il est possible que, bien que le fait sur lequel le serment a été déféré à une partie lui soit personnel, il soit néanmoins impossible ou désagréable à cette partie de l'attester, à raison de certaines incertitudes dans les souvenirs, ou de quelques scrupules de conscience; et que d'autre part le fait dont s'agit soit également personnel au délateur du serment. Dans ce cas la loi, par une disposition favorable, permet de repousser l'obligation de jurer ou de refuser, au moyen d'une délation de serment nouvelle, en répondant : « Jurez vous-même que le fait sur lequel vous me déférez le serment est exact, et vous aurez gain de cause. » Cette opération se nomme *rélation du serment;* elle contient, nous venons de le dire, une délation nouvelle, mais une délation qui ne produit pas tous les effets de la première, car la partie à laquelle elle est faite doit jurer ou refuser, mais dans aucun cas ne peut référer une seconde fois le serment à son adversaire. La loi a dû édicter cette impossibilité afin de mettre un terme au débat qui pourrait s'élever entre deux parties dont pas une ne voudrait jurer.

« Le serment, dit l'art. 1362, ne peut être référé quand le fait qui en est l'objet n'est pas celui des deux parties, mais est purement personnel à celui auquel le serment avait été déféré. » Cette disposition est facile à expliquer, elle est fondée sur les règles qui régissent la délation du serment. On comprend en effet qu'il serait absurbe de forcer un plaideur de jurer sur un fait dont il n'aurait pas une connaissance personnelle. Celui qui voudrait référer le serment dans des circonstances semblables, serait considéré comme l'ayant refusé purement et simplement et devrait perdre son procès.

La jurisprudence admet généralement qu'un serment déféré sur des faits honteux ou déshonorants ne peut être référé (1); cette prohibition est fondée sur un motif d'ordre public et de décence, qui s'oppose à ce que celui dont l'honneur est attaqué par la délation d'un serment, consente à rendre une autre personne juge d'une question qui l'intéresse à un si haut degré.

§ 3. — DE L'ACCEPTATION DE L'OFFRE DU SERMENT.

Le troisième parti que peut prendre celui auquel le serment est déféré consiste à en accepter l'offre, le premier effet de cette acceptation est de rendre l'offre irrévocable : jusqu'à ce moment il n'y avait pas eu accord de volontés et partant lien de droit produit ; mais dès que l'offre est acceptée et que la partie a déclaré être disposée à prêter le serment demandé,

(1) V. Toullier. — Bruxelles, 1er février 1809 ; — Pau, décembre 1829 ; — etc.

une sorte de novation intervient, les moyens de preuve ordinaires sont écartés sans retour pour être remplacés par le fait unique duquel les parties font dépendre la décision du litige. C'est pourquoi l'art 1364 règle que « la partie qui a déféré où référé le serment, ne peut plus se rétracter lorsque l'adversaire a déclaré qu'il était prêt à faire ce serment. » Dans la pratique, il arrive souvent que celui qui a déféré le serment se tient pour satisfait, rien que par la résolution de jurer que son adversaire lui a manifestée, et n'insiste pas pour le forcer à lever la main en réalité; dans ce cas, la dispense de serment qu'il lui accorde, dispense fondée sur l'inutilité d'un acte qu'il sait devoir se produire inévitablement, vient remplacer l'acte lui-même et produire les mêmes effets juridiques (1). A ce principe se rattache l'importante question de savoir ce qui devrait être décidé dans le cas où celui à qui le serment aurait été déféré, viendrait à décéder avant de l'avoir prêté, sans du reste avoir été dispensé de le faire. Une distinction donnera la clef de la difficulté. Le retard provient-il de la faute de celui qui a déféré ou de celui à qui a été déféré le serment? Dans le premier cas, il est clair que la condition à laquelle était soumise la libération doit être réputée accomplie conformément au principe général de l'art.

(1) V. Voët. h. t. 23.

1178, et que le serment sera considéré comme ayant été prêté; si au contraire le retard a été produit, sans qu'il y ait eu faute de la part de celui qui a déféré le serment, que, du reste, le fait du retard en lui-même doive être imputé à la négligence ou au dol de celui qui avait accepté l'offre de serment, ou simplement à un cas fortuit, il faut dire, contrairement à la doctrine de certains arrêts (1), que la condition du serment n'est pas accomplie et qu'il serait injuste, pour celui qui l'avait déférée, de la considérer comme telle. « Qui sait, en effet, dit M. Bonnier, si la partie qui dans le premier moment ne reculait pas devant un parjure, n'eût pas été arrêtée par sa conscience au moment décisif. » Celui qui défère le serment veut s'en remettre uniquement à la condition tirée de sa prestation effective et réelle: on ne peut trouver aucune raison sérieuse de restreindre la portée de cette condition et de lui substituer le simple fait de l'acceptation, quand bien même il n'y aurait eu aucun retard et quand celui qui allait jurer aurait été frappé de mort au moment où il allait lever la main; il y aurait dans ce cas un fait malheureux pour le débiteur qui perdrait un sûr moyen de se libérer; mais le délateur du serment pourrait toujours objecter à la prétention des héritiers qui voudrait considérer le serment

(1) Aix, 13 août 1823; — Douai, 26 mai 1814.

comme prêté, qu'en réalité il ne l'a pas été et qu'il n'est pas obligé, en matière de conditions, de se contenter d'équivalents.

Quand le serment a été accepté et que la dispense de le prêter dont nous venons de parler n'est point intervenue, il doit être fait dans les formes que nous avons examinées au chapitre Ier; il doit l'être dans les termes suivant lesquels il a été déféré et sur les mêmes choses qui faisaient l'objet de sa délation. Dans la pratique, pour reconnaître si ces choses sont bien les mêmes, il faut recourir aux caractères qui servent à l'application de l'*exceptio jurisjurandi*, dont nous traiterons plus loin. « Le serment sera fait par la partie en personne et à l'audience. Dans le cas d'un empêchement légitime et dûment constaté, le serment pourra être prêté devant le juge que le tribunal aura commis, qui se transportera chez la partie assisté du greffier. Si la partie à laquelle le serment a été déféré est trop éloignée, le tribunal pourra ordonner qu'elle prêtera serment devant le tribunal du lieu de sa résidence.

Dans tous les cas le serment sera fait en présence de l'autre partie, où elle dûment appelée par acte d'avoué à avoué, et s'il n'y a pas d'avoué constitué par exploit contenant l'indication du jour de la prestation. » (Art. 121 c. pr.)

VI.

Des effets de la prestation du serment.

L'effet immédiat de la prestation du serment est de faire considérer le fait affirmé comme véritable, de contraindre le juge à donner gain de cause à celui qui a juré, en décidant dans son sens par un jugement. Pour celui qui a déféré le serment, l'affirmation est vraie d'une vérité relative et conventionnelle ; elle contient une présomption *juris et de jure* telle, qu'aucune voie d'attaque ne peut être admise contre elle, quand bien même on aurait la preuve de l'erreur qui aurait été commise ; l'art. 1363 est formel à cet égard : « Lorsque le serment déféré ou référé a été fait, l'adversaire n'est point recevable à en prouver la fausseté. » *Dato jurejurando non aliud quæritur quam an juratum sit, remissa quæstione an debeatur.* Ces principes empruntés à notre ancienne jurisprudence sont fondés sur le caractère de transaction qui se trouve dans le serment. Sans doute, quand l'accord des parties est intervenu, celle qui faisait l'offre ne supposait pas que l'autre dût prêter un faux serment, commettre un dol et un délit, mais elle savait qu'il était au nombre des possibilités qu'il en fût ainsi, et ces chances sont entrées en ligne de compte dans la transaction. La délation de serment en effet est loin d'être un moyen infaillible d'arriver à la manifestation de la vérité; celui qui l'emploie s'en remet dans une certaine limite à une *alea:* cette *alea* vient-elle à lui être défavorable, il n'a pas pour cela le droit de se plaindre. La fausseté du serment prêté ne constitue pas un dol personnel capable de donner ouverture à un recours par la voie de la requête civile; le ministère public a, il est vrai, le droit de poursuivre le parjure, mais son action comme toutes les autres actions publiques, doit être portée devant un tribunal criminel et ne profite pas à l'adversaire de celui qui s'est parjuré. A cette matière se rattache une question vivement débattue: celui qui a souffert d'un parjure peut-il se porter partie civile quand le ministère public a intenté son action, conformément aux dispositions des art. 1 et 3 du code d'instruction criminelle?

M. Duranton enseigne l'affirmative; selon lui l'action en réparation du dommage causé par un crime, un délit ou une contravention, appartient à tous ceux qui ont été lésés: il s'en suit que celui a qui le serment a causé un préjudice peut se rendre partie civile au procès criminel, et obtenir des dommages et intérêts. Ce n'est pas attaquer le jugement rendu sur le serment faussement prêté, c'est réclamer uniquement la réparation du préjudice souffert par suite de la perpétration d'un crime. Le jugement recevra du reste son exécution en ce sens que s'il prononce que la propriété de telle chose appartient à la partie qui a prêté le faux serment, cette partie demeurera réellement propriétaire de l'objet, et s'il condamne l'autre partie à payer une somme, il y aura compensation des dommages et intérêts avec la somme, s'il elle n'a pas encore été payée.

L'opinion contraire est plus généralement admise; les auteurs qui la défendent argumentent du discours de M. Faure au Corps législatif, discours dans lequel ce tribun exprima l'assurance formelle que l'art. 1363 c. N., devait réglementer non-seulement l'action civile proprement dite, mais encore celle de la partie civile; — des souvenirs du droit romain qui n'admettait pas l'exception de dol en réponse à l'action *jurisjurandi*, et en dernier lieu de considérations tirées de l'économie générale de nos lois en cette matière : le moyen de neutraliser l'effet du serment au moyen de l'action *ex dilicto* détruit l'effet que la loi en attend et le rend illusoire, car il resterait toujours la question de savoir si le serment est vrai ou faux et il faudrait recommencer le procès. D'ailleurs, ajoute-t-on (1), le raisonnement de M. Duranton repose sur une double erreur : il suppose que la cause de préjudice doit être recherchée dans le fait du parjure, tandis qu'elle se trouve dans celui de la délation ; en second lieu, pour établir le dommage causé par le parjure, il faudrait renouveler

(1) MM. Aubry et Rau, sur Zach.

le débat originaire et toute discussion nouvelle se trouve irrévocablement écartée par la transaction intervenue entre les parties.

En face de ce principe d'irrévocabilité du serment, grâce auquel on a pu dire : *jusjurandum majorem habet auctoritatem quam res judicata*, il importe de placer certaines exceptions ou plutôt de mentionner certains cas où cette autorité lui fait défaut. C'est en premier lieu celui d'erreur, de dol ou de violence (art. 2053). Si l'impossibilité de faire la preuve où se trouvait celui qui a déféré le serment, provenait d'un fait de ce genre ou d'un détournement de pièces, il y aurait lieu d'annuler la convention conformément à l'art. 1119 c. N.; il en serait de même si elle était intervenue dans une contestation sur un titre nul (art. 2054) et dans le cas où il s'agirait de pièces reconnues fausses (2055), à moins, dans ces deux derniers cas, que le serment ait été déféré sur le fait même de la nullité, ou sur celui de la fausseté du titre. Le serment déféré au sujet d'un procès terminé par un jugement passé en force de chose jugée, dont les parties ou l'une d'elle n'avait pas connaissance, est nul (art. 2050); il en est de même dans l'hypothèse prévue par l'art. 2057. Toutes ces exceptions sont fondées sur la nature même des choses et s'expliquent par la relation intime qui unit le serment décisoire et les transactions; dans tous les cas dont nous venons de parler, il est clair que l'erreur dans laquelle la partie lésée est tombée doit être assez grave pour que sans elle il n'ait point été déféré de serment, et que le consentement ait été vicié de manière à empêcher le contrat de se former d'une manière valable. Les juges pourront donc rescinder un serment prêté dans de telles conditions, d'après les règles des transactions qui toutes sont applicables à notre matière. Cette rescision pourra avoir lieu dans l'intervalle de la prestation du serment au prononcé du jugement ou de l'arrêt qui le constatera; mais après ce prononcé pourrait-il en être de même? Dans ce cas, je crois, il ne resterait plus à la partie lésée d'autre ressource que celle de la requête civile, conformément à la disposition de l'art. 380 c. pr., pourvu bien entendu qu'elle se trouvât en face de l'une des hypothèses prévues par cet article, et que le jugement fût en dernier ressort, comme si le serment n'avait été déféré que par suite d'un dol personnel de l'adversaire (480, c. pr. 1°), ou que depuis le jugement il ait été retrouvé des pièces décisives retenues par le fait de *la partie*. On le sait, les cas d'admissibilité de la requête civile sont plus restreints que ceux de rescision des transactions: pour ce qui est des pièces retrouvées, en particulier, nous remarquerons qu'il faut dans l'un des cas que l'ignorance ou l'on est de l'existence de ces pièces, provienne du dol de l'adversaire lui-même, tandis que dans l'autre il suffit qu'elle existe en fait; nous devrons conclure de là que le serment décisoire judiciaire suivi d'un jugement a plus de force que celui qui est déféré en dehors de la présence du juge par suite d'une transaction, puisqu'il ne peut être attaqué que par des moyens plus restreints. C'est que dans le serment judiciaire une sorte de novation intervient par la constatation juridique de la prestation par jugement ou arrêt, si bien que quand on veut attaquer ce serment, on n'invoque pas une exception au principe de l'art. 1363, mais bien à celui de l'art. 1350.

Comme l'aveu, le serment est indivisible et ne peut être séparé en diverses parties, dont quelques-unes seraient retournées contre celui qui l'a prêté. Aussi celui auquel le serment a été déféré sur le fait de savoir s'il a reçu en prêt une certaine somme, et qui a juré qu'effectivement cette somme lui a été prêtée, mais qu'il l'a rendue postérieurement, ne peut être condamné à restituer la somme, en vertu de la première partie de son serment séparée de la seconde. Du reste, en cette matière, la question de divisibilité se présente beaucoup moins que dans celle de l'aveu, par la raison que le serment devant être fait dans les termes de la délation, et la délation devant porter sur des faits concluants, c'est-à-dire propres à terminer la contestation, il ne devra être admis que si, après la prestation, il ne doit plus y avoir de doute au sujet des conséquences à en tirer.

§ 2. — ENTRE QUELLES PERSONNES LE SERMENT PRODUIT SON EFFET.

Le serment a entre les parties le même effet que la chose jugée : comme elle il engendre une action ou une exception, suivant qu'il a été prêté par le demandeur ou par le défendeur : l'action est à proprement parler l'*actio jurisjurandi*, dans le cas du du serment extrajudiciaire ; quand la délation a eu lieu en justice et a été suivie d'un jugement, c'est par l'*actio rei judicatæ* que celui qui a obtenu l'adjudication de ses conclusions peut arriver à l'exécution effective. Dans tous les cas, le serment ne produit d'action ni d'exception que pour ou contre ceux qui ont été parties à sa prestation, la vérité relative qu'il engendre ne peut être invoquée que par eux.

Primus défère le serment à *Secundus* au sujet de la question de savoir si un immeuble lui appartient, ou bien si au contraire *Secundus* en est le véritable propriétaire. *Secundus* jure. Au regard de *Primus*, de ses héritiers et ayant cause, l'immeuble doit être considéré comme étant à *Secundus*, et si *Primus* voulait le revendiquer contre lui, il serait repoussé par l'*exceptio jurisjurandi ;* mais qu'un troisième personnage, *Tertius*, s'avise d'élever des prétentions sur la propriété du même immeuble,

Secundus pourrait-il le repousser au moyen de la même défense? Évidemment non, pour lui le fait du serment est *res inter alios acta;* il ne peut pas plus lui nuire qu'il ne pourrait lui profiter en lui donnant droit, si par la suite il était devenu propriétaire du même immeuble, de repousser l'action en revendication que *Primus* exercerait contre lui. « De même si l'un des héritiers d'un défunt m'a assigné pour lui payer la part d'une somme qu'il prétendait que je devais au défunt, et qu'il m'ait déféré le serment sur la question de savoir si cette dette existait réellement, dans le cas où j'aurais rendu mon affirmation que je ne devais rien au défunt, ce serment me servira à repousser cet héritier, mais sera sans force vis-à-vis de son cohéritier, et s'il rapporte la preuve que je devais effectivement la somme en question, je serai condamné à lui payer sa part héréditaire dans la créance du *de cujus,* nonobstant le serment que j'ai fait je ne devais rien (1). »

Ces deux espèces présentent deux applications du principe général formulé dans la loi 3 § 3 *de j. jusjurandum alteri nec nocet nec prodest,* et dans l'art. 1365 c. N. « Le serment ne forme preuve qu'au profit de celui qui l'a déféré ou contre lui, et au profit de ses héritiers ou ayant-cause ou contre eux. »

(1) Pothier.

§ 3. — DES CRÉANCIERS ET DES DÉBITEURS SOLIDAIRES. — DE L'INDIVISIBILITÉ.

Art. 1365. « Le serment déféré par l'un de plusieurs créanciers solidaires au débiteur principal ne libère celui-ci que pour la part de ce créancier. » C'est là une disposition que nous avons rapportée au sujet de la question de savoir qui avait le droit de déférer le serment; elle s'explique facilement par le principe général en matière de solidarité, qui fait que les cocréanciers ou les codébiteurs sont considérés comme s'étant donné mandat mutuellement, à l'effet d'améliorer leur position, mais jamais de l'empirer. Un créancier défère le serment, il fait en cela une aliénation. Le serment a-t-il pour effet de faire considérer la dette comme n'existant pas? Il a force contre lui, mais ne peut être opposé à ses cocréanciers. L'effet de la délation a-t-il au contraire été favorable? Les autres créanciers solidaires pourront s'en prévaloir, car ici ils seront considérés comme étant les représentants les uns des autres (1). Cette disposition présente du reste une grande analogie avec celui de l'art. 1198 qui veut que la remise qui n'est faite que par l'un des créanciers solidaires

(1) Dans le cas où le serment aurait été déféré sur l'existence même de la dette et pas sur des exceptions personnelles au débiteur ou sur le fait même de la solidarité.

ne libère le débiteur que pour la part de ce créancier : « car, dit M. Bigot-Préameneu (Exposé des motifs), la délation du serment est une véritable remise conditionnelle : je vous tiens quitte si vous jurez. »

Sous l'empire de l'ancienne jurisprudence il en était autrement. Pothier (nº 824) nous apprend que dans une espèce analogue à celle prévue par l'art. 1360, il y aurait eu libération au profit du débiteur, au regard de tous les créanciers : « Il y en a, dit-il, une raison particulière ; c'est que le paiement qui est fait à l'un des créanciers solidaires décharge le débiteur envers tous les autres ; or, le serment qu'a fait le débiteur qu'il ne devait rien équipolle à un paiement qu'il aurait fait à celui qui lui défère le serment, *nam jusjurandum loco solutionis cedit* (*l. 27*) ; par conséquent il doit décharger le débiteur envers tous. »

« Le serment déféré à l'un des débiteurs solidaires profite aux codébiteurs. » (Art. 1365 4º.) Mêmes principes que dans l'espèce précédente : les codébiteurs se sont donné mandat à l'effet d'améliorer leur position, aussi le Code, dit-il, *profite*, écartant par *a contrario*, les conséquences du cas où la délation serait défavorable au débiteur, comme il arriverait par exemple s'il avait refusé de prêter le serment ou si l'ayant référé, le créancier avait affirmé l'existence de la dette ; il en serait de même, et pour les mêmes raisons, dans le cas où le serment aurait été déféré par l'un des codébiteurs au créancier.

Dans le cas d'indivisibilité, que faudrait-il décider lorsque le serment aurait été déféré soit par l'un des créanciers, soit par l'un des débiteurs ? Le principe de l'art. 1224 c. Nap., nous fournit la clef de ces questions. Chacun des créanciers d'une chose indivisible ne peut faire seul remise de la totalité de la dette, il ne peut recevoir seul le prix au lieu de la chose. Si l'un des créanciers a remis la dette ou reçu le prix au lieu de la chose, son cocréancier ne peut demander la chose indivisible qu'en tenant compte de la portion remise, ou dont le prix a été reçu. De là il suit que si l'un des créanciers d'une même chose indivisible a déféré le serment sur l'existence de la dette, les autres pourront encore réclamer la chose en tenant compte de la portion de celui qui a déféré le serment ; et que si c'est lui qui a prêté le serment, il a conservé le droit de tous, comme aurait fait un créancier solidaire qui aurait interrompu la prescription. Le serment déféré à l'héritier du débiteur d'une chose indivisible, ou son refus de le prêter, ne nuit point à ses cohéritiers et il en est de même si la dette a été contractée par plusieurs, puisqu'il ne leur nuirait pas dans le cas même de solidarité. Si le serment a été prêté par l'un des créanciers d'une chose indivisible, à la différence de ce qui a lieu en matière de solidarité, il ne profite pas aux autres débiteurs. Aucun lien en effet n'existe; on ne peut supposer ni mandat ni confiance entre des individus qui ne sont unis que *propter rem*, à raison de la nature même de la dette qui n'est pas susceptible de division: chacun des débiteurs ne doit au fond que sa part, et la nature intime de la dette reparaît dans le cas où elle vient à se résoudre en dommages et intérêts; or, le serment affranchit le débiteur de ce qu'il doit, mais n'affranchit pas les autres. Le créancier devra néanmoins tenir compte à ces derniers de la portion de celui auquel il a déféré le serment. (Arg. de l'art. 1224 c. N.)

§ 4. — DES CAUTIONS.

« Le serment déféré au débiteur principal libère également les cautions. Et celui qui est déféré à la caution profite au débiteur principal. » (Art. 1365.) Ici le principe du droit romain écarté par le Code, quand il s'agit du serment déféré par l'un d'entre plusieurs créanciers solidaires, reparaît et reprend sa force; le serment tient lieu de paiement, il éteint l'obligation, qu'il ait été prêté par la caution ou par le débiteur principal; pourvu bien entendu qu'il s'agisse du fait même de l'existence de la dette et non celui du cautionnement.

§ 5. — DANS QUELLES CONTESTATIONS ET SUR QUELS OBJETS L'AUTORITÉ DU SERMENT PEUT ÊTRE INVOQUÉE.

Nous venons de voir entre quelles personnes le serment a effet, il nous reste à examiner au sujet de quelles contestations et de quels objets il peut être invoqué. La raison indique que ce doit être sur les objets mêmes qui avaient été désignés par les parties au moment de la prestation : car du principe que le serment tire sa force de la sorte de transaction qui intervient, il suit que de même qu'une convention n'a d'effet qu'à l'égard de la chose qui en fait l'objet, de même aussi le serment décisoire ne peut avoir d'effet qu'à l'égard de la chose sur laquelle il a été déféré. On ne peut donc en pareille matière raisonner par voie d'analogie et demander, par exemple, au cohéritier d'un homme qui a succombé dans son exception, pour n'avoir pas voulu prêter serment au sujet d'une pétition d'hérédité, une portion de cette même hérédité, car il y aurait ici similitude mais non identité de choses.

Le principe, que pour qu'il y ait lieu à l'action ou à l'exception *jurisjurandi*, il faut que la chose réclamée soit la même que celle qui avait fait l'objet de la première demande, ne doit pas être entendu trop littéralement. Par exemple, quoique le troupeau que je vous demande aujourd'hui ne soit pas composé des mêmes bêtes dont il était composé lors de la première demande, dans laquelle le serment m'a été déféré, je ne suis pas moins censé demander la même chose et je serai repoussé dans ma prétention. Par la même raison, si j'ai refusé le serment au sujet d'une somme principale, je ne dois pas être recevable à demander les intérêts de cette somme, car les intérêts ne peuvent m'être dus si la somme principale ne me l'est pas. La réciproque de cette décision ne serait pas vraie, et quoique j'aie refusé de prêter serment au sujet des intérêts, je puis demander la somme principale (1).

Mais ce n'est point assez que la chose demandée soit identiquement la même : il faut en outre, pour qu'il y ait lieu d'appliquer les effets du serment, que cette chose soit demandée par les mêmes causes, *eadem causa petendi*. Cette condition est, comme les précédentes, commune au serment et à la chose jugée. Dans l'une et l'autre de ces matières, pour qu'il y ait lieu à action ou à exception, il est indispensable que la contestation soit fondée sur la même cause. Vous prétendez que je vous dois dix mille francs en vertu d'un prêt, vous me déférez le serment et je jure que je ne dois pas cette somme ; pourrai-je vous repousser par l'*exceptio jurisjurandi* si vous venez me réclamer postérieurement dix mille francs que vous soutiendrez vous avoir été légués

(1) Pothier.

par celui à qui j'ai succédé? Evidemment non; il y aurait bien *eadem conditio personarum, eadem res,* mais non pas *eadem causa petendi*. Il faut distinguer la cause et les moyens mis en avant pour faire réussir la prétention; par exemple, en matière de revendication, celui à qui le serment a été déféré sur la question de savoir si l'immeuble qu'il revendiquait lui appartenait et qui l'a refusé, ne pourrait être admis à exercer une nouvelle revendication en vertu d'un autre titre, car pour lui la seule cause de revendication possible était le droit de propriété, et cette cause a été détruite par le refus de serment : les divers titres qu'il invoquait n'étaient que des moyens pour arriver à la justification de cette unique cause.

www.ingramcontent.com/pod-product-compliance
Ingram Content Group UK Ltd.
Pitfield, Milton Keynes, MK11 3LW, UK
UKHW031928260826
14628UKWH00003B/1489

9 782019 650117